初代教会と使徒たちの宣教

――使徒言行録、手紙、黙示録を読む

オリエンス宗教研究所 編

オリエンス宗教研究所

本書をお読みになるにあたって

(1) 本書はオリエンス宗教研究所・カトリック通信講座「聖書入門〔Ⅱ〕」のテキスト（十七分冊、初版一九八四年）をもとに加筆修正をして、新たに一冊にまとめたものです。

(2) 本書は『聖書入門——四福音書を読む』（オリエンス宗教研究所編、初版二〇一三年）の続編にあたるものです。

(3) 本書での聖書本文の引用は『聖書・新共同訳（旧約聖書続編つき）』（日本聖書協会発行）を用いています。

(4) 本文中に指示してある聖書の個所は、ご自分の聖書を開いて必ずお読みください。聖書は翻訳によって人名、地名などの表記に多少の相違がありますが、その内容は同じですから、お手持ちの聖書があれば、それをお使いになっても差し支えはありません。

(5) 本文中には聖書の各巻を示す略語が用いられていますが、例えば次のようになります。

「マタイ」＝マタイによる福音書、「マルコ」＝マルコによる福音書、「ルカ」＝ルカによる福音書、「ヨハネ」＝ヨハネによる福音書、「一コリント」＝コリントの信徒への手紙（一）、「一ヨハネ」＝ヨハネの手紙（一）

目次

第1講　新約聖書の第二部

　新約聖書は大きく第一部と第二部に分けることができます。第一部は四つの福音書であり、第二部とはその後に続く文書です。新約聖書においては、ナザレのイエスが救い主（キリスト）だと説明する福音書がいちばん大切な、とりもなおさず聖書全体の中心だと言えるでしょう。そして、あたかもその中心の事実を別の面から照らし出し、さらに身近になるよう説明する形のものとして、第二部が置かれています。本書が扱う内容はこの第二部ですが、あくまでも第一部があっての第二部ということを覚えておいてください。

　しかし、いま私たちが第二部を見ていくと、そこにはたくさんのものが、まとまりもなしに、ただ並んでいるようにしか見えません。これを大ざっぱにまとめると、①『使徒言行録』、②手紙類（使徒パウロの手紙とその他の手紙）、③『ヨハネの黙示録』となります。

新約聖書の成り立ち

ここでひと言、新約聖書の成り立ちを見てみましょう。新約聖書という一冊のまとまった本が、ある日突然、初めの一ページから書き始められたわけではありません。それは、それぞれ独立した小さな部分が次第に集められ、一つの本として今の形になったものです。

そのなかで、まず大切なものとして、集められてきたのが使徒パウロの手紙です。これは当時のミサのときに朗読するために、また説教の材料や信仰の説明のために役に立つものとして残されてきました。何も、それを聖書の一部分にするために取っておくというような意図が働いたのではありません。パウロの手紙を残しておこうとした初期の信者の人々にとって、聖書とは旧約聖書だけしかありませんでした。

しかし、その人々は、パウロの手紙以外にもいろいろなメモを持っていました。そのメモは、主にイエス・キリストについての、断片的な書き残しでした。キリストのことば、奇跡について、特に十字架での死と三日目の復活についてのメモです。これも教会でのミサや、信仰のことを説明するための必要性に迫られて、次第に集められ、取っておかれたわけです。使っているうちに、その断片的なメモが次第につづり合わされ、それぞれの福音書や『使徒言行録』のような形をとるようになりました。

パウロの手紙というのは、パウロが親しかったテサロニケやガラテヤ、コリントなどの町の信徒のなかで問題が起こった際、それを知らされたパウロが、すぐに行くことができなかったので、いろいろな指示や教え諭しなど、その問題を何とか解決しようと、やむにやまれず書いたものです。新約聖書のなかにある手紙は、それぞれあて先の教会の、その当時の事情、特に切実な問題を映し出しています。

それだけに、パウロをはじめ、それらの手紙を書いた人々は、自分が聖書の一部分となる貴重なものを書いているとは思っていません。そういうことは想像もしなかったでしょう。これは、福音書の著者についても当てはまることです。

心を澄まして

私たちは、今からこの第二部の要点を取り上げて、そこから神の私たちへの語りかけに耳を傾けたいと思います。それぞれの個所からの呼びかけを、静かに心を澄まして聞くならば、そこに神の心のひたすらな思いが聞こえてくるはずです。

しかしまた、聖書における神の呼びかけは、ただ何もしないで、静かに心を澄まして聞いていれば、それだけで、たちどころにわかってしまうといったものではありません。だいたい「静かに心を澄ます」こと自体が、ただ何も考えないでじっとして、気持ちを落ち着けるというだけのものではないからです。毎日の生活のなかで、次から次へと仕事や勉強をしなければとてもやっていけない人にとって、そういう静かな気持ちなど、そう持てるものではありません。そして、そういう忙しい人が、ときに少しぐらい何もしなくていい時間に恵まれたとしても、そう簡単に落ち着いて心を澄ませられるものではありません。そのときこそホッと息をついて、ただぼんやりとしているか、ぽかんとテレビやパソコンで映像を見るのが、やっとのところでしょう。

それでは、そういう人に聖書からの呼びかけは聞こえないのでしょうか。ところが、そうでもないのです。実はこの「静かに心を澄ます」というのは、忙しくない、何もしなくてもいいとか、何も考えない無我の境地のようなことを言うのではありません。むしろ、人が多忙な仕事や心配事、苦労のなかにあったとしても、心をひたすらにそちらのほうに向け、その状況を何とか乗り切ろうと自分の思いを集中させることを言います。そこに「静かに心を澄ます」思いが深まり、神の呼びかけが聞こえてくるのです。結局、神と人生の触れ合うところに、神の呼びかけが響いてくるのです。

「神と人生とは別々のことではないか」と言われるかもしれません。しかし、この二つは、絶対に切り離すことのできないものです。私たちは、神から与えられたきょうの人生を通してしか、神と出会うことはできません。しかし、何か深い瞑想《めいそう》にでもふければ、そのなかで神に会えるように思いがちです。仕事を離れて、深い瞑想のなかで神と出会うこともあるかもしれませんが、仕事の世界で忙しく走り回っている人が神に出会うことができないということはないのです。ただ、その忙しさのなかで、とにかく精いっぱいの努力をすることです。このとき、この人の思いは張り詰めています。たとえ息をつく暇のない毎日、それも次から次へと苦労と心配の絶えない毎日が一生続くにしても、何とかしてそれを乗り切ろうとするまじめな努力、つまり何とかならないものか、何とかしようと思いをこらして工夫を重ね、苦心を重ねて生きていこうとするところに、神とその人の出会いがあり得るのです。そういう人にこそ、聖書における神の呼びかけは深く大きく響いてきて、その人は神の救いのほうへ導かれていきます。これが「心を澄まして、静かに」神の呼びかけを聞くということの意味です。

本書のあらまし

さて、今から内容へ入っていくわけですが、まず、そのあらましを、ごくかいつまんで説明しておきましょう。そうしないと、そのどこを取り上げてみても、皆ばらばらの一部分でしかなくなる恐れがあるからです。

『使徒言行録』

『使徒言行録』（新改訳聖書では『使徒の働き』）は、ルカ福音書の著者がその福音書の続きとして書いたものです。この『使徒言行録』という書名から、まるで使徒たちの活躍の次第を書き留めたものと思われるかもしれませんが、この著者の意向は、そういうところにはないようです。明らかに、教会の初期の状況を述べるような形で、実は、そのすべてにおいて働いておられるのが「イエス・キリスト」であり、「天の御父とキリストとの霊である聖霊」こそが、教会の歩みのなかで働いているということを述べようとしています。

その内容は、ペトロとパウロという二大使徒の働きを、それぞれ前半と後半の中心に置き、この二人の活躍を通して、神の救いの働きが、エルサレムから出て、ユダヤ、サマリアの地に広まり、ついには当時の世界の中心地であるローマにまで及ぶということを述べたものです。

つまり、この著者は、歴史としての初代教会のことを記録しておこうとしたのではありません。そのような資料を用いながら、その当時の読者に信仰の励ましを与え、何とかしてユダヤ人以外の人々をもキリスト教の信仰へ導こうとして書いたのです。

手紙

書名に「手紙」とついているものです。しかしこれらのなかには、実際に誰かにあてた手紙ではなく、手紙のような形で書かれたものも含まれています。

新約聖書の全体は、それぞれ独立した二十七の文書から成り立っています。そのうちの四つが福音書です。それに続いて、『ルカによる福音書』の続きとして書かれた『使徒言行録』があり、いちばん終わりには『ヨハネの黙示録』という一種独特な文書があります。この六つのものを除いたあとの二十一は、みんな手紙の形をしています。

しかし、この二十一のものが全部、実際に手紙として書かれたものであるとは言いにくいのです。さらにこれらのうち、十三のものに使徒パウロの署名がついていますし、それ以外にもう一つ『ヘブライ人への手紙』もパウロの書いた手紙であると言い伝えられてきました。しかし、これらのものを本当にパウロが書いたのかどうかについては、いろいろと論争があります。今ここでそのような複雑な問題に立ち入ることには、あまり意味がありません。皆さんは、そういう問題もあるということを知っておけば、本書を読んだ後にさらに詳しく聖書を読み進めるときに、役に立つかもしれません。

使徒パウロの手紙　聖書に残っているパウロの手紙には日付がありませんから、それらの手紙に書いてある出来事も、どれ一つとして、それがいつごろのことなのか、はっきりしていません。それで、パウロがいつ、どこで、どの手紙を書いたのかは、いろいろな周囲の事情から推察するよりほかに道がないのです。

また、『使徒言行録』の後半（13章以後）ではパウロのことが中心に述べられていますが、そこでのことと、パウロの手紙に出てくることとの間には、少し食い違うところもあります。こういう場合、パウロが書いた手紙のほうが正確であると思って差し支えないでしょう。

パウロの一生で、現在わかっている事項を年代記風に並べてみると、だいたい次のようになります。

三三－三六年ごろにパウロはダマスコ近郊で復活したキリストに出会い、回心します。その後二年間ほどアラビアへ行き、そしてエルサレムへやってきて、ペトロなどの弟子に会います。その後、四六－四八年ごろシリアを出発して、ピシティア地方を回ります（第一次宣教旅行、49ページ参照）。

四九年ごろにエルサレムで使徒会議が開かれ、パウロも出席します。それから一度アンティオキアへ帰った後、第二次宣教旅行（56ページ参照）に出ます。シリア、キリキア、ガラテヤを通り、一度牢《ろう》に入れられますが、その後ギリシアへ行きます。帰りは船に乗って、エフェソを通り、エルサレムを経由して、最後にアンティオキアへ帰ります。この旅でギリシアにいるとき、五〇年秋から五二年の春までの約一年半を、コリントで過ごしたことがわかっています。

その後、アンティオキアに少しいたパウロは、さらにもう一度旅に出ます（第三次宣教旅行、56

ページ参照）。ガラテヤ、フリギアを通り、エフェソへ行ってそこに約三年間滞在します。それからギリシアへ行って三カ月とどまり、帰りはアソスからまた船に乗って、ティルスなどを経てエルサレムに至ります。

ここに挙げた年代のなかで、確かだと言えるのは、パウロの回心（三三－三六年ごろ）から第二次宣教旅行の途中でコリントにいたとき（五〇－五二年）までのことです。第三次宣教旅行の年代は、はっきりしていません。

パウロは最後にローマへ送られて（57ページ参照）、牢に二年間ほどつながれた後、ついに殉教の死を遂げます。しかし、それがいったいいつごろのことなのか、確かめようがありません。だいたい六〇年代半ばだとは思われるのですが、それ以上なんとも決めようがないのです。

このように、パウロの最後の様子はほとんどわかりませんし、パウロがいつ生まれたかということも、何歳で死んだかということも、はっきりしたことはわかりません。パウロはその手紙のなかで、自分自身についてずいぶんたくさんのことを書いていますが、そこからパウロ個人の伝記的なことを知ろうとすると何も出てこないのです。こういうところからも、パウロという人が一心不乱に、ただ「キリストへの信仰における人の救い」という、この一つのことにのみ生き抜いたという激しさがよく表れています。ここに、人の救いのためにだけ働き続け、それしか頭になかった使徒パウロの姿が迫ってきます。

パウロの手紙を読んでみると、パウロはキリスト教への回心から、その信仰のために殉教するまでの約三十年間、ほとんど息をつく暇もなしに、宣教の旅をしています。それでパウロの手紙も、この旅の途中で書かれたものばかりです。自分の意見や説を発表する論文のようなものではなく、どうしても書かなければならない用事や問題が出てきたからこそ、パウロはそれに答えて返事を出しているのです。そこには遠くに離れている親しい人々に対して、どうしてもこれだけは言っておきたいという、切実な気持ちが響いてきます。こういうところからも、一つの手紙を幾度にも分けないで、一度に通して読んでいただきたいのです。

その他の手紙　前述のように新約聖書には二十一の手紙が含まれています。そこからパウロが書いたと言われる十四の手紙を除くと、七つ残ります。これは、もうすでに三世紀には「全キリスト者への手紙」と呼ばれ始めたものです。なぜなら、この七つの手紙には、それを書いたという人の名前があっても、誰にあてて書いたのかというあて名がないのです。例えば『ローマの信徒への手紙』の初めには、「パウロから……ローマの人たち一同へ」と、誰にあてたのかが、はっきり書いてあります。しかし、パウロのもの以外の七つの手紙には、それがありません。その内容からいっても、誰か特定の人々にあてて書いたものではないので、やはり不特定の、「全キリスト者への手紙」という性格が強いのです。

パウロの手紙とその他の手紙との相違点　こういう手紙が教会のなかで書かれ始めたというとこ

ろに、教会の発展の跡がまざまざと認められます。パウロの書いた手紙のように、ごくごく初期のものには、まだ個人的なつながりが感じられます。互いに顔見知りであるか、それとも互いに共通の第三者をよく知っているところからの親しみです。パウロが「愛する皆さん」と書いたとき、その目の前には、直接または間接に顔見知りの、親しい人々の顔がはっきりと見えていました。パウロはその人々の名前まで呼んでいます（例えばローマ16・1－15）。

しかし、「全キリスト者への手紙」で、同じように「皆さん」と呼びかける場合、その著者は誰か特定の顔見知りの人、個人的に親しい人を思い浮かべているわけではありません。

一世紀の終わりごろになれば、教会は苦しい迫害にも負けずに、ひと回りもふた回りも大きく育っています。それぞれの町の信徒の集まりに、新しく信仰を受け入れた人々の数が増えていけば、次第に知らない顔が多くなってきます。それが教会全体ともなれば、もう教会は親しく話し合うところではなくなってきます。教会が大きく広がり、信徒の数が増えれば増えるほど、教会の運営のために「行政」が入ってくるのは、当然のことです。もちろん、行政といっても、まだまだ教会法に従って運営するというところまでよそよそしくなったわけではありません。それはもっとはるか後になって、教会がヨーロッパの隅々にまで大きく広がってからの話です。

しかし、例えば「全キリスト者への手紙」の一つ『ヤコブの手紙』を見れば、パウロの手紙との違いはひと目見てわかります。この手紙は全体で百八節ありますが、なんと、そのなかの五十四節が命令形の文章です。つまり全体の半分が命令文なのです。しかも、命令文の次に来る節が、前にある命令文の説明であることも少なくありません。

もちろん、パウロもときには命令文を用いますが（例えば一コリント3・21）、それは非常にまれなことです。まして二言目には「……しなさい」とか、「……しないように」ということなどは考えられません。普通、日常の会話でも、まして手紙でも、その半分以上が「……しろ」とか「……するな」ということになれば、ずいぶん高圧的に感じられることでしょう。しかし、大勢の人を同時に指導しようとすれば、自然にこうした言い方になってくるわけです。これがだいたいにおいて、『ヤコブの手紙』などの「全キリスト者への手紙」の書き方になっています。

『ヨハネの黙示録』

新約聖書を最後に締めくくるもの、それが『ヨハネの黙示録』です。「黙示」といえば、何も言わずに、だまって指し示すというふうに思われるかもしれません。しかし、これは日本語での意味であって、ギリシア語では「裏に隠れているものを表に現す」という意味のことばが使われています（新約聖書の原文はほとんどギリシア語です）。

『黙示録』は、その内容からいえば、キリストの教会のこの世における成り行きと、世の終わりのことを述べています。この世ではキリストに反対する悪の力が強くて、キリストの教会は激しく迫害され、多くの人が惑わされる。しかし、ついには神とその独り子キリストが悪の力に打ち勝って、清く信仰のうちに踏みとどまった人は、キリストの勝利にあずかり、神の国の喜びに入ることが許されるというのです。

人間の知恵は限られています。少しくらい先のことなら、何となくわかるような気もしますが、それもあまり確かなことではありません。確実にわからないからこそ、占いやおみくじがはやるのです。まして二十年、三十年先のこと、遠い未来のことや、世の終わりのことなどは、とてもわかりようがありません。

そこで人類は、いつも先のことを占ったり、言い当てたりする人を必要としてきました。イスラエルには予言、お告げを職業とする人々がいました。ギリシアの神々のお告げは有名です。東洋にも占い師がたくさんいて、そのためわざわざ『易経』が書かれたほどです。日本では今でも、結婚の日を決めるときに、大安や仏滅を気にする人も多くいます。

こういう気持ちで『黙示録』を読めば、そこに出てくる不思議な出来事が、まるでそのまま決められたときに起こってくるように感じられるでしょう。しかし、それは一種の錯覚です。『黙示録』を鉄道の時刻表のように考えることはできません。何時何分にどこを出発して、何時何分にどこへ着くかを示すのが時刻表ですが、『黙示録』にはそう思えないところが多すぎるのです。これは『黙示録』の各部分を丹念に読みながら説明しなければなりませんが、とにかくその著者は、当時の読者を慰め、励まして、迷うことのないように力づけようとしています。将来どうなるかではなく、なんとかして今の苦しみに耐えさせようと、そればかりを考えて書いています。

その著者が目の前に見ている読者、それは激しい迫害に苦しみ、神を信じるがゆえに苦しめられるという、その苦しみに耐えかねている人たちです。本当の神さまを信じれば、苦しみから救われて、楽になるはずではないのかと、ともすればゆらぎそうな信仰。それに対して、いや、苦しくてもそれを耐え抜けば、救いの喜び、輝かしい喜びに入るのだから、勇気を出して希望を持つようにと励ますのです。

この意味で、『黙示録』は旧約聖書のイザヤやエゼキエル、ダニエルなどの預言書とは違った性格のものです。これを忘れて、黙示録のなかに何か将来に起こるべきこと、具体的な世の終わり方などを読み取ろうとすると誤解することになるでしょう。そのとき黙示録は、ただのおみくじか、少し長くて詳しいお告げのようなものになってしまいます。聖書は、神のみ心が示されている書物です。そこには人の救いについて心を砕く、神の愛が働いているのです。

第2講　使徒言行録（1）

新約聖書第二部の初めに出てくるのが『使徒言行録』です。『ヨハネによる福音書』の次に置かれています。神の子イエス・キリストの死と復活について書かれたのが福音書であり、これは四つあります。その三番目がルカという人が書いたので、『ルカによる福音書』と呼ばれています。このルカという人は、福音書だけでは足りないと思ったのでしょう。その後、少し間をおいて、第二のものを書きました。それが『使徒言行録』であり、実際に冒頭で、「わたしは先に第一巻を著して」と書かれています（1・1－2）。

それでは、『使徒言行録』は私たちに何を言おうとしているのでしょうか。書物とは読者に向かって話しかけるものです。ましてルカという人は、先に福音書をずいぶん詳しく調べて書きました。しかし、それだけでは足りないと思ったからこそ、第二部として『使徒言行録』を書いたのでしょう。よほど言いたいことがあったに違いなく、実際に『使徒言行録』をよく読んでみると、そこにルカが伝えたかったことが、いくつか浮かび上がってきます。これからその線にそって読んでみたいと思います。

福音記者ルカを描いたイコン(14世紀、ヒランダル修道院、アトス)

二人の使徒とその説教

『使徒言行録』という題名からもわかるように、ここでは二人の使徒の活躍が中心になっています。「使徒」とは、もともとは「遣わされた者」という意味で、福音宣教の担い手のことを言います。『使徒言行録』では全体をほどよく二つに分けて、初めから12章までがペトロのこと、13章から終わりまでがパウロのことになっています。

しかし、ここからすぐに『使徒言行録』をペトロとパウロの活躍の記録であるというふうに考えてしまうことはできません。ただ、一見すればそういう組み立てになっていて、だからこそ『使徒言行録』という書名がつけられたのでしょう。しかしよく読んでみると、ルカはこれを過去の記録として書いたとは思えません。福音書が「過去に起きたことの、ただの記録ではない」

のと同じことです。それでは、ルカはいったい何を言いたかったのか。それがこれからの問題です。

『使徒言行録』は、新約聖書第二部のなかではいちばん長く、マタイやヨハネによる福音書と同じくらいの分量です。そして、その三分の一ほどがペトロとパウロの話になっています。そのめぼしい個所を並べると次のようになります。

(1) ペトロの話——1・15－22、2・14－36、2・38－39、3・12－26、5・29－32、10・34－43、11・4－17、15・7－11

(2) パウロの話——13・16－41、14・14－17、17・22－31、20・18－35、22・1－21、24・10－21、26・1－23、27・21－26、28・17－20

ペトロの話は、11章と15章のものを除けば、あとはすべて同じ内容のものです。また、パウロのところでは、13章の内容がペトロのものと同じで、そのほかのパウロの話はいろいろ違っています。すなわち、パウロの回心のいきさつを述べて、パウロの立場を説明するもの（22・1－21、26・12－18）、異邦人に対する説教（14・14－17、17・22－31）、パウロ自身の弁明（24・10－21）、その他（27・21－26、28・17－20）です。

ペトロの話

11章と15章のものを除き、パウロの部の13章の話を含めて説明します。これらの話は、ペトロが実際にした話というよりも、その当時ユダヤ人に対してなされた、キリスト教会側からの説明であり、呼びかけです。以下のような、だいたい同じ形の話です。

(1) ナザレのイエスは、奇跡と不思議なしるしをなされた。誰にでも善いことだけしかなさらなかった。

(2) その善いお方を、ユダヤ人であるあなた方は、正当な理由もなく殺してしまった。ローマ総督のピラトでさえもイエスの無罪を知り、釈放しようとしたのに。

(3) しかし父なる神は、このイエスを救い主(メシア)として、死者のうちから復活させられた。イエスの弟子である私たちは、主イエスの復活を実際に見たのでその証人である。

(4) 救い主の受難は決して偶然の出来事ではない。大昔から、すべての預言者の口を通して、あらかじめ預言されていた。

(5) だからイエスをキリスト(救い主)と信じて、その名により洗礼を受ければ、誰でも皆、救われる。

一世紀の終わりごろの教会では、ユダヤ人たちにキリスト教への回心を勧めるために、このような説き方をしました。「旧約の預言者たちがメシアについて預言したことは、イエスの受難と十字架上の死において、すべて成就している。だからこのイエスこそ、あなた方が預言者のことばを信じて待ち望んでいるメシアにほかならない」と言うのです。

このような言い方は、今日の私たちには、あまりピンと来ないかもしれません。それは、旧約聖書に出てくる預言者たちが、私たちにとってそう特別な人々ではないからです。

パウロの話

実際にキリスト教会は、これ以後ユダヤ人への宣教から、それ以外の世界中の人々への宣教へと、その働きかけを広げていきます。ちょうどその移り変わりが『使徒言行録』の中心テーマとなっているのです。ペトロの初めのほうの話は、そのほとんどがユダヤ人に向けられています。それが後半になると、急にユダヤ人以外の人々への呼びかけになります。つまりペトロに始まる、教会のユダヤ人たちへの働きかけが、次第にパウロの路線にまで広がっていく、しかもその広がり（方向転換）はパウロが勝手にしたことではなく、神にうながされたペトロに始まるものであるという大切な説明が、『使徒言行録』全体でなされているわけです。

教会は初め、ユダヤ人の回心のために全力を尽くしました。前半でペトロがいつも「あなたがた」と呼びかけている相手はユダヤ人です。しかし、この教会の努力はあまり実りませんでした。それで教会の目は、いつしかユダヤ人以外の人々のほうへ向かったのです。

ついにはパウロの「この民の心は鈍り、／耳は遠くなり、／目は閉じてしまった」という、旧約の大預言者イザヤの声を引き合いに出しながらの心引き裂かれるほどの悲しい声が響きます（28・27）。「自分と同じ血を分けたきょうだいであるユダヤ人たちは、キリストの救いを受け入れてくれない」とパウロは涙を流すのです。そしてついには、「この神の救いは異邦人に向けられました。彼らこそ、これに聞き従うのです」（28・28）と言うようになります。

この全体を受けて、『使徒言行録』の終わりの文章は実にあざやかです。「（パウロは）全く自由に何の妨げもなく、神の国を宣《の》べ伝え、主イエス・キリストについて教え続けた」（28・31）。ユダヤ人のところではだめだったが、ローマではうまくいったという意味です。

迫害と教会の成長

いやがらせ

いやがらせとは人間同士、互いに生きていくときに起こるつらいことの一つです。『使徒言行録』には、相当にひどいいやがらせが出てきます。今、その個所を並べてみましょう。

(1)　イスラエルの民の指導者たちのいやがらせ——4・1-21

(2)　ステファノの逮捕——6・8-15、7・54-60

(3)　エルサレムの教会に対する迫害――8・1－3
(4)　ヘロデ王の迫害――12・1－5
(5)　ユダヤ人たちのいやがらせ――14・2－5、14・19、17・5－13、18・12－13、24・27
(6)　エフェソでの騒動――19・23－34
(7)　ユダヤ人の陰謀――20・3、25・1－3
(8)　ユダヤ人の迫害――21・27－31、23・12－14
(9)　大祭司アナニアの訴え――24・1－9

ルカの文章では、ユダヤ人たちからキリスト信者へのいやがらせについて二つのことを言います。すなわち、①キリスト教徒に醜いいやがらせをして、宣教や祈りを妨げているのはユダヤ人たちである、②それに反してローマ人たち、特にその高官たちはキリスト教に対して理解があり、好意的で、話のわかる人たちである。

これは『ルカによる福音書』ですでに示されている基本路線です。ローマの総督ピラトは、イエスが捕らえられてきたとき、初めからイエスを無罪と認めて、釈放しようとします。それにもかかわらず、イエスを死刑にするように、あくまでも言い張ったのは、ユダヤ人の大祭司たちや群衆でした。ユダヤ人にとって他国の者であるローマ帝国の高官たちの、率直に事実を認める紳士的な態度と温かい好意。それに反して、あくまでも意地悪く、ねたみ深く、しつこくいやがらせを仕かけるユダヤ人たち。このような見方は『使徒言行録』にも、そのまま流れています。

しかし、この見方は、一世紀の後半を生きたルカのものとしては、まったく思いがけないものです。ローマ帝国によるキリスト教迫害が、どれほど情け容赦のない、残酷極まりないものであったか。ルカはこれを、身をもって体験していたはずです。

ローマ帝国によるキリスト教迫害は、まずネロ皇帝による紀元六四年七月のローマ大火災のときから始まります。ネロが六八年に死んで、この実に残酷で恐ろしい迫害も終わります。それでも、キリスト教徒が反ローマ的な罪人、反逆者として軽蔑され、いじめられるという後遺症は、その後もずっと続きます。

その次に起こったパレスチナでの恐ろしい出来事と言えば、紀元七〇年のエルサレムの滅亡です。このとき、ローマの軍隊はエルサレムを徹底的に破壊し、住民の大虐殺を行いました。ルカはローマ軍の残虐な殺人を十分に知っていたのです。そしてそのころ、時を同じくして、『使徒言行録』が書かれます。ルカはローマ皇帝やその官吏、軍隊などが、人民に理解のある温厚な紳士などではなかったことを、百も承知していたはずです。

迫害はひどいものでした。ローマの官憲は手を尽くしてキリスト教徒を捜し回り、そのあいだを投書や密告が乱れ飛んだのです。皇帝自身が先頭に立って、キリスト教徒を大競技場の真ん中に連れ出させ、兵士に殺させせたり、トラやライオンに襲わせたりしました。これは人民の歓心を買うために行われたもので、スタジアムのような所で、それこそ満員の大群衆が固唾《かたず》をのみながら、キリスト教徒がもだえ死に、猛獣に食べられるのを見て、大いに喜んだのです。

このように、ルカ自身の体験からしても、ユダヤ人だけがいやがらせをして、ローマ人は温厚な紳士だったとは、とても言えません。しかしそれにもかかわらず、ルカは福音書にも『使徒言行録』にも、そうだったと書いているのです。

ここでもう一度、ローマへ着いたパウロが「全く自由に何の妨げもなく、神の国を宣べ伝え、主イエス・キリストについて教え続けた」(28・31)という『使徒言行録』の終わりの個所を考えてみましょう。ルカは本当にそう思っていたのでしょうか。そのパウロが、ローマでの迫害で殺されたということを、ルカ自身がいちばんよく知っていたはずです。しかしルカは、ローマ帝国の治政下にある多くの異邦人の改宗を見ていたので、福音宣教の世界的発展に対して、楽天的な希望と期待をもっていたのでしょう。

聖書における著者と神との一体性

ここで聖書の著者について考えてみましょう。直接に筆を執って書いたのは、例えば『使徒言行録』の場合はルカという記者です。その人は書かされたのではなく、自分の意志でその思うところを書きました。しかし、それにもかかわらず、聖書の最後の著者は神さまです。

それでは、人は著者ではないのか。いや、確かにその人が書きましたが、その人はロボットかコンピューターのように、ただ言われた通り、指示された通りに書いたのではありません。それ以上にはっきりと、自分で書こうと思って、自分の書きたいことを、書きたい通りに書きました。そのように書かれたものこそ、まさに神が人に伝えたかったことです。このような一体性は、聖書についてだけではありません。この世界の出来事と神のみ心が一つになって、いつも交わっているという一体性もあります。聖書について、またキリスト教の信仰について深く考えようとすれば、人は必ずこの問題に突き当たります。どうかそこまで、キリスト教の信仰について、深く究めるようにしてください。

さて、聖書の一体性に戻れば、実はこれこそ、聖書の理解のためにとても大切なことです。「人の思い」と「神の思い」、その間には天と地ほどの隔たりがあります。人はどれだけ賢くても、その思いは狭く限られています。神の思いには限りがありません。そこに聖書の文章を、ただそれを書いた人の思いだけで割り切ることのできないところがあります。しかしそれと同時に、それを書いた人の思いを無視して聖書の文章を理解しようとすることも不十分です。神なしの人間などあり得ない。しかし、その神は人間を無視することがない。これがこの世のありがたい現実です。

ここでもう一度、『使徒言行録』について考えてみましょう。ルカの文章によれば、キリストの教会をいじめ、いやがらせで妨害したのはユダヤ人たちで、反対にローマ帝国の高官たちの多くはキリスト教徒に好意と理解を持っていた。しかし、そのローマ帝国こそキリストの教会を迫害した張本人です。明らかにルカはそれを知っていたのに、彼はなぜ反対のことを書いたのでしょう。もし聖書の文章を、それを書いた人の思いだけで解釈するとすれば、ルカはうそをついたか、ローマ帝国の当局者にへつらったかのどちらかです。しかし、本当にそうなのでしょうか。

ここでローマ帝国の歴史を考えてみましょう。ネロをはじめ、たくさんの皇帝たちがキリストの教会を激しく迫害しました。しかし、三一二年にコンスタンティヌス帝がキリスト教に改宗し、翌三一三年には「ミラノ勅令」によって、キリスト教を公認します。それからも、なお時間はかかりますが、キリスト教の信仰はヨーロッパ全体に広まり、そこからさらに、全世界へと広がっていきます。

この歴史の大きな流れを見る限り、『使徒言行録』の終わりの文章は、まったくその通りだとしか思えません。ルカはローマによる迫害のさなかにもかかわらず、「全く自由に何の妨げもなく、神の国を宣べ伝え、主イエス・キリストについて教え続けた」と書き記し、ルカ自身もまったく予期しない三百年後の状態を書いています。ここに神とルカとが著者であるという、聖書の一体性が表れていると言えるでしょう。

迫害をばねにして

前にユダヤ人たちによる、キリスト教会へのいやがらせの個所を並べてみました。文章そのものはさっぱりしていますが、その当時の教会にとっては、苦しいことであったに違いありません。さらに、ユダヤ人のそれとは比べものにならないほどの、ローマ帝国を挙げての恐ろしい迫害もありました。そのなかでキリストの教会はつぶれるどころか、かえって強くなり、大きく育っていきました。『使徒言行録』はこのコントラストを見事に書き表しています。これは聖書から響いてくる、大きな励ましの声です。以下にまとめてみましょう。

(1) いちばんよくわかってもらえそうな人、味方、身内、血を分けた親やきょうだい、夫や妻などから、いちばん嫌ないやがらせや反対が出てきました。当時の教会にとって、ユダヤ人こそ血を分けた身内でした。イエスがそうなさったように、弟子たちも初め、まわりのユダヤ人たちに話しかけ、理解を求めてきました。この人たちこそわかってくれるに違いないと思ったのですが、この期待は見事に裏切られました。

(2) では、当てにしていた人たちや親しい人たちにわかってもらえなければ、もうキリスト教の望みは消え去ったのでしょうか。そうではありません。かえって反対に、それだからこそキリスト教の信仰は全世界に大きく広がることになりました。それも思わぬ理解者を得てのことです。『使徒言行録』では、これをローマ人だとします。当てにしていた人たちにわかってもらえなかったというのは、決して悪いことではなかったのです。

(3) 意地悪をされ、いやがらせや汚い妨害を受けたのが、かえってよかったという気持ちが『使徒言行録』に見られます。しかしそれは、意地悪く、いやがらせをされるほうがよいというものではありません。

(4) その裏には、汚いいやがらせなど何の役にも立たないという一面が見られます。人間を見つめる神の静かな目とでも言える静けさが聖書、特に新約聖書にはみなぎっていて、読む人の心を打ちます。

(5) もう一つ、『使徒言行録』で目立つのは、キリストの弟子たちがこのいやがらせに対して、何の仕返しもしていないことです。ただ黙って耐え忍び、仕返しや、少なくとも相手に食ってかかることなどはしません。かといって、ひねくれ、大声で泣きわめくのでもありません。こういう場合、心はずいぶん騒ぐものですが、「自分は何もしていないのに!」「こんなにされる覚えはない」というううろたえるような騒ぎが、当時の教会には見当たりません。かえって、主イエス・キリストと同じように、苦しみの道をたどれることをうれしく思うのでした。

ペトロが見た幻

それでは、当時の教会の人々は、まわりからの激しい仕打ちを、ただ耐え忍んだだけなのでしょうか。いや、そこには、そういう陰湿なものを十分に乗り切らせる、もう一つ別のものがありました。それがなければ当時の教会といえども、ただ耐え忍ぶだけという、その恐ろしい暗さに押しつぶされてしまったでしょう。そしてここに、ペトロの幻の話が出てきます（10・1〜11・18）。これはキリストの教会を大きく生かす原動力になりました。これは『使徒言行録』のなかでも大切なところなので、少し詳しく考えてみましょう。

当時のユダヤ人たちには、自分たちだけが神から特別に選ばれた民族であるという気持ちから、自分たち以外の人々を見下すようなところがありました。それだけに、その特別に選ばれたことを保証する厳しい戒律をよく守りました。それは日常生活の隅々にまで及ぶ、細かい取り決めのようなもので「律法」と呼ばれるものでした。もちろん、食事についての取り決めも厳しく、これは食べてよい、これは食べてはいけないというような詳しいものだったのです（旧約聖書の『レビ記』参照）。

ところがある日、ペトロは昼の十二時ごろに一つの幻を見ます。そのなかで、食べれば身が汚《けが》れて神の罰を受けるといわれていた動物の肉を食べるようにと、三度も繰り返し勧められるのです。ペトロは初め、この幻が何のことだかさっぱりわかりませんでした。しかし、やがてコルネリウスというローマ人の隊長の見た幻によって説き明かされます（10・1−8、30−33）。このコルネリウスの使いの者がペトロの所へ訪ねてきて、ペトロはその意味を悟ります。

ペトロもユダヤ人です。律法の厳しい戒律を守っていました（10・14）。それで、律法で禁じられている「外国人」と交際するとか、外国人に信仰を呼びかけることもありませんでした（10・28）。しかし、幻に教えられ、さらに霊にうながされて（10・19－20）、ペトロは同じ霊に導かれたコルネリウスの家へ行き、ともに食事をします。そして、彼がイエスに関わる出来事を話していると、この異邦人（ローマ人）にも聖霊が降ります。ペトロと一緒に来た人々はそれを見て大いに驚きました（10・44－48）。

しかし、それでも、ユダヤ人の信者たちはペトロをなじります（11・2－3）。それに答えるようにして、11章4節から18節までの全体が、10章での出来事の説明になります。その結論は、「神は異邦人をも悔い改めさせ、命を与えてくださった」（11・18）という、当時のユダヤ人たちにとって、大変ショックなものでした。

世界へ向かう教会

この「ペトロの幻」の出来事は、単にペトロやコルネリウスの個人的な問題ではありません。そのときその場から、キリストの教会そのものが、ユダヤの片隅から出て世界へ、人類全体のために歩み出す、非常に大きな方向転換でした。しかし、イスラエルの民には、相当に強い選民意識があったので、この方向転換はたやすいことではありませんでした。「自分たちは普通の人ではない、神から特別に選ばれたエリートである。自分たちだけが神の恵みにあずかるのにふさわしい人間で、ほかは皆汚れた卑しい人間でしかない」という大変思い上がった気持ちを持っていたユダヤ人たちが、異邦人と見下していたコルネリウスとその家の人たちにまで聖霊の賜物が注がれるのを見たので非常に驚いたのです（10・45）。彼らからしてみれば、あんなよそ者に聖霊が降るはずはないと思っていたからです。また彼らは、コルネリウスのところへ行って、そういう卑しく、汚れた人と食事までともにしたペトロをなじったのです（11・3）。

しかし、当時の教会の中心人物であったペトロは、幻に教えられ、神の霊に導かれて、この根強い反感と反対を乗り切ります。そこに初めて、イエスを信じる者はことごとく、そのみ名によって罪のゆるしが得られるという、神の道が開けてきました（10・43）。イエスを信じて救われるのは、律法を守るユダヤ人だけではない。救いは誰にでも例外なしに、すべての人に開かれていたのです。

もちろん、ユダヤ人の心のなかにある「自分は皆のように卑しい人間ではない、自分たちだけがまともに生きている」という気持ちを打ち破るのは大変難しいことです。それだけに、ペトロとパウロによる教会の方向転換は、当時の教会の人々から強い反感と反対を買いました。だからこそ、幻や霊の導きが特別に出てきて、ことさらに人々の心を動かさなければ仕方がなかったのかもしれません。しかし、同時に、その幻や霊の導きがあってこそ、教会の世界、全人類への方向転換が、まさに神の計らいであるという確実な保証として、人々に納得を与えることができたのでしょう。

第3講　使徒言行録（2）

まず、前講までのことをもう一度確かめておきましょう。大切なのは、キリストの教会がイスラエルの民、ユダヤ人だけに福音を伝えるという狭い枠から抜け出て、全世界へ向かって歩み出したということです。これは、当時の教会にとっては大きな転換でした。教会のなかに起こった多くの反対と激しい反感を乗り切って、この先どうなるかわからない前途多難な道へと歩み出したのです。

大祭司、祭司や律法学者など、イスラエルの民の指導者たちからの妨害やいやがらせもひどいものでした。ペトロやパウロをはじめとするキリストの弟子たちは、至るところでひどいいやがらせに遭いました。そのために捕らえられたパウロは、ついに当時の世界の中心、ローマまで連れていかれたのです。しかし結局、そのいやがらせが結果的には、かえってキリスト教の信仰を全世界へと広める手助けをしたことになりました。

初期の教会

隅の親石

教会はその初めのころ、救い主と信じていた神の子イエスを、どのような人と見ていたのでしょうか。『使徒言行録』では「隅の親石」（4・11）と表現しています。これは詩編に出てくる言い方ですが、ユダヤ人たちは幾世代にもわたって詩編を唱えていたので、「隅の親石」と言えば、すぐにその意味がわかったでしょう。教会のなかで、これがイエス・キリストに当てて言われるようになったということは、福音書に出てくるところからもわかります（マタイ21・42、マルコ12・10、ルカ20・17）。

「家を建てる者の退けた石が／隅の親石となった」（詩編118・22）。

建築の現場で、家を造る人たちが役に立たない石を捨てたら、その石が事の成り行きから、家の全体を支えるいちばん大切な石にされた。つまり、みんなが「あれはだめだと捨てた、そのものがいちばん大切なものになった」という意味です。初代教会がこれをイエス・キリストに当てたのも当然です。なぜなら、みんなから捨てられて、十字架の刑というむごい殺され方をして捨てられたイエス・キリストの死によって、人々が救われることになったからです。「家を建てる者の退けた石が隅の親石となった。そのようなお方」というのが初代教会のキリストに対して持っていた見方の一つでした。

人間に従うより神に従う

キリストの教会には、初めから一つの強い確信がありました。それは信仰を持ってこの世を生き抜くための、心の頼りになるような、ゆらぐことのない事実の上に立っています。イエス・キリストの死と復活がそれです。キリスト信者たちはこの事実にしがみつくようにして、しかも、弱い自分の心をいつもたしなめながら、あまりにも激しく、むごたらしい迫害の時代を生き抜いたのです。

この、ひたすらに自分に言い聞かせるようにしてきたことば、それが「人間に従うよりも、神に従わなくてはなりません」（使徒言行録5・29）という言い方です。あまりにも苦しいところをなんとか耐えようとする一途な勇気、力のようなものが感じられます。ともすれば崩れようとする自分をみじめに感じながら、そういう自分のために先に死んでくださったキリストの復活を思い、そのキリストにこそ従うというまっすぐな気持ちです。

人間は弱いものです。どんなに善いことでも、それをやり抜くとなると大変です。まして、その間につらい、嫌なことが重なってくると、心はひるんできます。そのひるみを突くようにして、よからぬ心の思いが出てきます。「おもしろくもない。こんなことはあとにしよう。今はもっとましなことをしよう」。一方で、それを押しとどめるように、「いや、やめないでおこう。いったい、今しなければ、いつするんだ」という、もう一つの思いも出てきます。

私たちは皆、自分の心のなかでこの二つの声を聞きながら生きていきます。誰にでも、どちらが神の声で、どちらが人の声かははっきりわかっています。やはり、少しくらい損をすると思っても、人の声より神の声に従うほうがよいのです。人の一生は、そう突然に良くなったり悪くなったりするものではありません。一つひとつの場合には、どうしようと、そう大きくは違ってきませんが、その積み重ねが恐ろしいのです。そしてある日、はっと気がついたときには、「もう遅い、取り返しがつかない」、世の中にはそういうことが多いのです。

パウロの宣教活動

回心と召し出し

『使徒言行録』の著者にとって、パウロのことはよほど大切なことであったに違いありません。その証拠に、この著者はパウロ（サウロ）の回心と召し出しのことを、三度も繰り返して持ち出しています（9章、22章、26章）。

その個所を通して感じられるパウロという人には、わからないところがたくさんあります。それはパウロ自身にもどうにもならない謎のようなもの、つじつまの合わないところです。それにもかかわらず、ユダヤの片隅から出てきたキリストの教会は、このパウロという人によってローマ帝国、ひいては全世界へと歩み出すようになったのです。マタイ福音書の終わりにあるキリストのことば（28・19－20）は、パウロによって実現するようになりました。

実際問題として、初め十二人の使徒とそのまわりの人々は、このパウロという人にずいぶん戸惑ったに違いありません。なにしろ当初は、教会を徹底的に迫害した張本人だったのですから（8・1－3、9・1－2）。それはパウロ自身も、ひどいことをしたと『ガラテヤの信徒への手紙』の1章13－14節で書いているほどで、これを見ても、パウロの回心の事実は疑う余地がありません。しかもそれは、パウロ自身の望みや期待とはまったく別の、本当に意外な出来事でした。しかし、回心そのものが具体的にどういうふうに起きたのか、その回心の直後にどういうことがあったのかなどについては、わからないところが多いのです。

『使徒言行録』9章1－31節には、回心のいきさつがずいぶん詳しく書いてあります。これを他の二つの個所とも考え合わせれば、だいたい次のようなことであったと思われます。

(1) パウロは、自分から望んで回心しようと思ったわけではない。パウロ自身の意に反した神の強い導きと、働きかけによるものであった（9・1－3）。パウロはそれに従うほかなかった（26・14）。
(2) しかもその神というのが、パウロが迫害しているイエスであった（9・5、22・8、26・15）。
(3) パウロは回心して洗礼を受け、そのときからすぐに「イエスこそ神の子である」と説き始めた（9・18－20）。
(4) 教会の人々は最初、パウロの回心を疑い、恐れた。しかし使徒たちは、しばらくしてからパウロを認めた（9・26－30）。
(5) 神がパウロを選んで、特別に呼び出したのには目的があった。すなわち、①異邦人や王たちにイエスのみ名を伝えるため（9・15、13・46－49、22・21、26・16－17、ガラテヤ1・15－16、同2・8）、②イエスのみ名のために苦しむため（9・16）である。

第一次宣教旅行（13・1～14・28）

以前も述べたように、13章からはパウロの活躍が中心になります。キリストへの信仰は世界の中心ローマまで急激に広がっていきました。それは、弟子たちの頭《かしら》であるペトロが先に立って、神に導かれてきた異邦人コルネリウスを教会へ受け入れたことに始まり、さらに教会を激しく迫害したパウロ（サウロ）を受け入れたことに引き継がれます。実に、パウロに回心の恵みを与えた神が、彼を「異邦人の使徒」として選ばれたのです。

13章から28章までの、パウロの苦しみと働きによる信仰の広がりは、福音書におけるイエス・キリストの場合と同じく、旅の形で繰り広げられます。そして、その最初の宣教旅行において、次の四つのことが言われています。

第一に、この旅は、すでに最初から神の恵みの勝利という喜ばしい出来事に飾られています。出発したとたんに、その地方のいちばんの高官、キプロス島の総督が回心して、信仰を受け入れます。教会の前途には苦しいことがたくさんあるが、心が素直で「賢明な人物」(13・7) なら、キリストの教えにこそ本当の救いがあることがわかるというのです。

第二に、この旅行からパウロの活躍が中心となって教会が発展していきます。つまり『使徒言行録』によれば、キリストの教えはパウロを中心とする働きによってこそ、当時の世界のほんの片隅に過ぎないエルサレムから出て、全世界の中心であるローマにまで大きく広がっていきました。この点において次の二つのことが強調されています。

まず、キリストは生前に十二人の使徒を選びましたが、パウロは復活したキリストから直接に選ばれたため「使徒」と呼ばれるようになりました。パウロを中心に推し進められた異邦人への宣教も、イスラエル人には意外なことだったでしょうが、これもパウロを選び出された神の計画によるものです。その証拠に、それ以後キリストの教えは全世界へ広まっていきました。

また、「異邦人の使徒」として、わざわざパウロを選び出された神は、確かに全人類の救いを

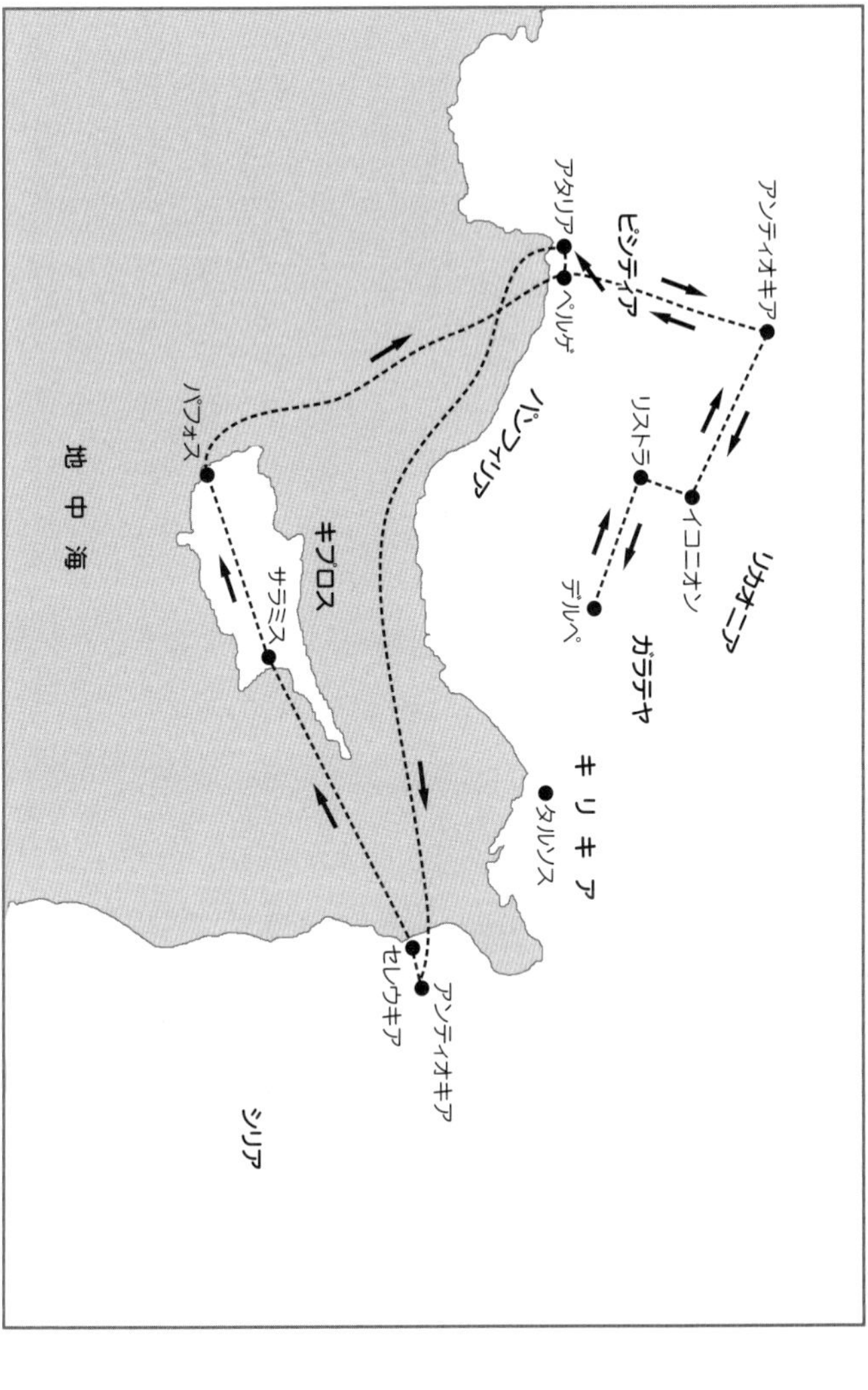

パウロの第1次宣教旅行

望んでおられます。神の救いにあずかるのは、何もイスラエル人だけではありません。それだけに、教会に対してユダヤ人以外からの反対や迫害もありますが、心が素直で賢い人なら、いつかはキリストの救いの信仰を受け入れるようになるのです。現にキプロスの総督のように、ローマ帝国の高官のなかにも教会への理解を持つ人が出てきており、今は苦しくても先の見通しは明るいという希望を失っていません。

第三に、ここでもイエスがキリスト（救い主）であるという信仰と、魔術や魔法、まじないなどとはまったく違うということが強調されています（13・8－12、14・8－18、あわせて8・9－24、19・18－20も参照）。

『使徒言行録』には、いろいろな不思議な出来事が出てきます。奇跡のようなことも起こりますが、それをキリスト教の切り札にしようとはしません。例えば、たちどころに病気が治るというような魔法かまじないのようなことをおまけにして、「それが欲しければ信じなさい」とは言いません。何しろ、今から二千年も昔のことなので、ほとんどの人が魔法やまじないを信じていました。そのなかにあって、教会は永遠のいのちへの神の救いを説き、しかも魔法やまじないをきっぱりと拒否したのです。

第四は『使徒言行録』の全体に見られることですが、読む人に光と希望を持たせようとしています。次の二つのことを考え合わせてください。

まず、誤解や正当な理由のない言いがかり、迫害、困難などは、何も『使徒言行録』が書かれた時代（一世紀後半）に初めて起きてきたことではありません。ペトロやパウロのときから、いや、もうイエス・キリストのときからすでにあったことです。神の恵みにあずかる人にも苦しみが残り、ときには増してくるということにつまずいてはいけません。これは、ヨハネ福音書にあるキリストのことばとまったく同じことです。

「人々がわたしを迫害したのであれば、あなたがたをも迫害するだろう。……人々はあなたがたを会堂から追放するだろう。しかも、あなたがたを殺す者が皆、自分は神に奉仕していると考える時が来る」（ヨハネ15・20、16・2参照）。

また、迫害や意地悪、いやがらせなどがどれほどひどくても、それがひどければひどいほど、信仰はますます広まっていきます。一つの町がパウロたちを追い出せば、信仰はよその町にまで広がるばかりです（使徒言行録13・50〜14・1、14・5−7、14・9−20）。意地悪やねたみ、正当な理由のない反対、反感、いやがらせなどは、何の役にも立たず、その結果は、そういうことをする人が自分で自分の首を締めることになると言うのです。

エルサレムの使徒会議（15・1−35）

エルサレムの使徒会議は、キリスト教会の分かれ目とでも言ってよいほどの大切な会議でした。

そのためかはわかりませんが、これは『使徒言行録』のちょうど真ん中に置かれています。

この会議まではエルサレムが中心でした。弟子たちはよそへ宣教に出かけますが、中心はあくまでもエルサレムでした。この会議の後も当分はエルサレムが教会の中心ですが、教会の重心は次第にローマのほうへ移っていきます。

十二使徒の頭であるペトロは、この会議で締めくくりの話を始めます(15・7－11)。しかし、この会議の最後の決定を下すのは、当時エルサレム教会のリーダーであったヤコブです(15・13－21)。ペトロの名前はこれ以後、『使徒言行録』のなかに出てくることはありません。また、ペトロの名前だけではなく、「使徒」も消え去ります。最後に「使徒たちと長老たち」(15・22)と書いて、ルカはそれ以後「使徒」ということばを使わなくなります。ずっと後になって、エルサレムでパウロを迎えたのはペトロではなくヤコブ、使徒ではなく「長老」でした(21・18)。

しかし、今までのこと以上に大切なのは、この会議が決定したことです(15・19－21、28－29)。問題は当時のユダヤ教で、モーセの命じた律法という名の下に作り出されていた実に細々とした煩わしい風習、しきたりのようなものでした。それを全部守らなければ、人はキリストの救いにあずかれないのかどうか。これが、教会が初めから抱えこんでいた大問題でした。

もちろん、ユダヤ教の人々のほうにも、それなりの言い分がありました。昔から守ってきたしきたりですし、それを守らなければ神の罰が当たって、不幸な災いが起きると言うのです。また、それらを完全に守れば守るほど、よりたくさんの神の恵みがいただけると考えていました。

これらのはっきり表れてくる個所の一つがヨハネ福音書の9章1節以降にあります。そこでは、弟子たちが生まれつき目の不自由な人を見て、「これは誰の罪によって起きた不幸か」とキリストに尋ねますが、「誰の罪によるものでもない」とキリストはこの問い自体をきっぱりと否定します。この場合の罪というのは、不道徳というよりもモーセの律法の名の下に集められていた細かいしきたりや習慣への違反を指します。具体的には、安息日には何歩以上歩いてはいけないとか、何の肉は食べてはいけないなどということです。安息日には、人がどれだけ苦しんでいても、それを治すことは労働になるからだめだと言うのです（ヨハネ9・16、マルコ2・23－28、同3・1－6）。

それほど細々とした取り決めを、ユダヤ人たちは一つ残らず守ったのでしょうか。実際はとても無理なことで、律法学者やファリサイ派の人々という、律法の専門家でさえも守れなかったようです。しかし、恐らく彼らには専門家としての〝合法的な〟抜け道があったのでしょう（マタイ23・1－28、マルコ7・1－13、ルカ11・37－52、ローマ2・17－23）。

使徒会議で決まったこと

使徒会議ではいくつかのことが決まりました。第一に、ユダヤ人ではない異邦人は教会の信仰を受け入れて洗礼を受けるにあたって四つのことだけを避け、その他のことはする必要がないと決まりました（使徒言行録15・19－21、29）。しかも、そのうちの不品行以外の三つは、それが悪いことだからというのではなく、人をつまずかせてはいけないという理由からです。

この決定は、「神に立ち帰る異邦人」（15・19）に対して決められたことですが、事実上はこれを境として、教会は律法の名による煩わしいしきたりや風習を守るか守らないかに、神の恵みや罰を結びつける狭さから抜け出しました。そしてもっと大事なことである「神と隣人への愛」に生き始めるわけです（マタイ22・34－40、マルコ12・28－34、ルカ10・25－28）。

この決定を通して、教会はパウロの路線を公に認め、あわせてパウロその人をも、神から直接に選ばれた大切な指導者として認めたことになります。パウロの路線というのは、『ローマの信徒への手紙』３章にいちばんはっきりと見られます。

「律法を実行することによっては、だれ一人神の前で義とされないからです。律法によっては、罪の自覚しか生じないのです。／ところが今や、律法とは関係なく、しかも律法と預言者によって立証されて、神の義が示されました」（ローマ３・20－21）。

もちろん、これを教会の教えとして受け入れるまでには、実にたくさんの反対があり、激しい論争も交わされたのですが、それでも決定されたのです（使徒言行録15・6－21）。

このように見てくると、それこそ大変な会議であったことがわかります。もしそのときに反対の決定を下していたら、キリストの教えはどうなっていたでしょう。きっとユダヤ教の細々としたしきたりのなかで、それを守らなければ神の罰があるという恐れのうちに、身動きもできず窒息していたでしょう。それにパウロの宣教の努力は誤りであり、パウロの手紙もすべて間違いで危険な異端ということになったでしょう。

実にこのとき、教会が律法のしきたりを切り捨て、イエス・キリストにおける神と隣人への愛にひたすらに生きようとする決定（15・19－29）をなしたからこそ、キリストの教えを全世界に宣《の》べ伝え、すべての人にキリストの救いを働きかける（マタイ28・16－20、マルコ16・15）ための道が開かれたのです。

イエスこそ神の子キリスト（救い主）ですから、キリストの教会は神の教会です。しかし、いくら神の教会であると言っても、その進むべき道が皆にはっきりとわかっていたわけではありません。「議論を重ねた後」（使徒言行録15・7）でようやく決まったのです。

神の教会であるからこそ、多くの問題をみんなで互いに苦しみながら、長い議論の後に、やっと折り合いをつけるようにして、神の導きの道を歩み始めたのです。もしかしたら、神の恵みさえあれば何でもすっきりしていて、意見の違いや難しい問題など存在するはずがないと思うかもしれません。しかし、『使徒言行録』の示す神の導きと恵みは、そのようなものではありません。どうしたらよいかわからない問題や嫌なことを抱えながら、そのなかで何とかしようと解決の道

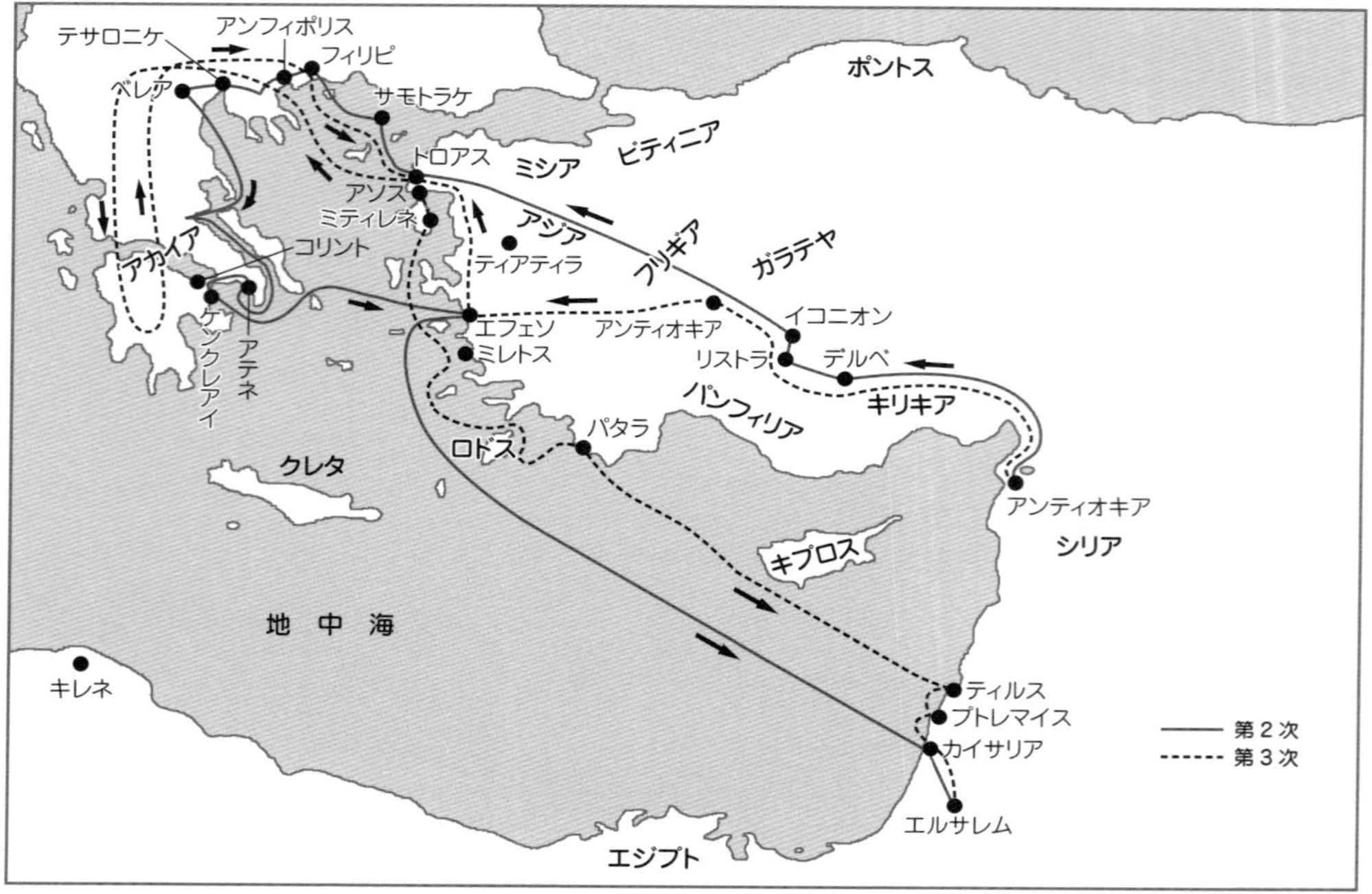

パウロの第２次・第３次宣教旅行

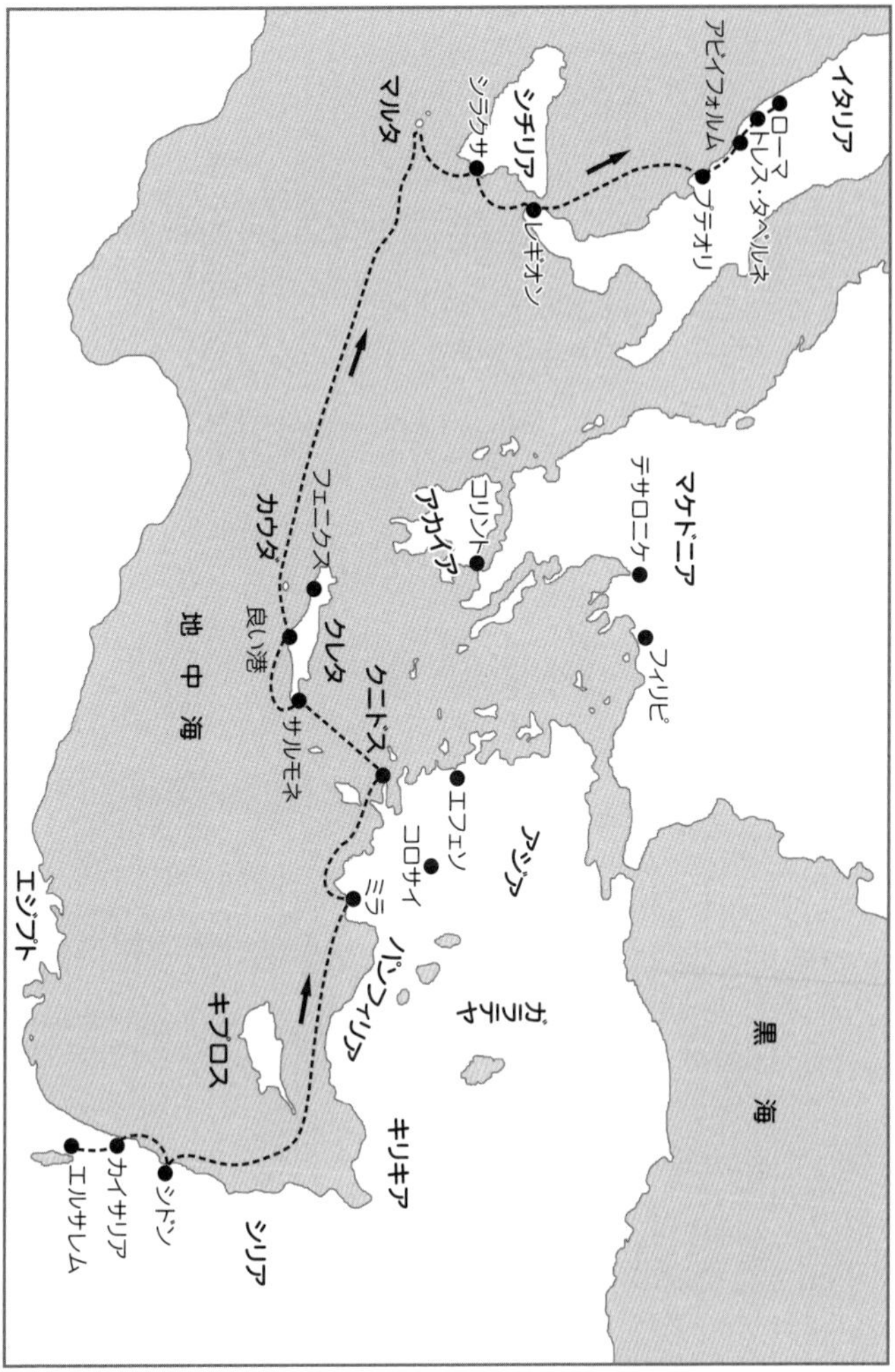
イタリア
ローマ
トレス・タベルネ
アピイフォルム
プテオリ
レギオン
シラクサ
シチリア
マルタ
マケドニア
テサロニケ
フィリピ
コリント
アカイア
フェニクス
カウダ
クレタ
良い港
地中海
クニドス
サルモネ
エフェソ
コロサイ
アジア
ミラ
パンフィリア
ガラテヤ
黒海
キプロス
キリキア
シドン
カイサリア
エルサレム
シリア
エジプト

パウロのローマへの旅

を暗中模索しながら、先のことはわからないままに、今進む道だけがおぼろげに見えてくるというところに神の導きの真実があるように思えてなりません。『使徒言行録』は、そういう神の愛の真実を伝えています。

ローマへの旅（15・36〜28・31）

エルサレム会議の後、パウロはバルナバと別れて、シラスやテモテと一緒に第二次宣教旅行に出かけます。

今ここで、パウロの旅行のあらましについて考えてみましょう。13章から終わりの28章まで出てくるパウロの旅は、どれも同じような形で進んでいきます。人の一生がそうであるように、パウロの旅も同じようなことが繰り返されていきます。

まず、パウロへの何らかの呼びかけ（例えば16・9）があります。そしてパウロはその町へ行って洗礼を授け、教会をつくります。やがてその町に、パウロたちへの反対者が現れ、町の人々をあおり立てて、パウロを追い出します。追い出されたパウロたちは次の町へ行き、そこでまた、人々に洗礼を授け、教会をつくるのです。この繰り返しによって、キリストの教えは広まり、パウロはついにローマという世界の中心である都へ連れてこられるのです。ローマから世界中へ道がつながっています。そして、パウロはローマで二年間、キリストの救いについて「全く自由に何の妨げもなく、神の国を宣べ伝え、主イエス・キリストについて教え続けた」（28・31）という文章で『使徒言行録』は終わります。パウロが説いたことは、今も教え続けられており、結局「あらゆる国の人々に宣べ伝えられ」（ルカ24・47）ていくのです。

『使徒言行録』の終わりの個所は、これを書いたルカという人のパウロ観を表しています。ルカの心の目に映っているパウロは偉大な人物です。神から特別に選ばれた人であり、そのうえカイサリアの総督フェリクスやアグリッパ王も驚くほどの深い学識を持ち、彼らと対等に話すことのできる人物だと描いています（26・1–32）。

しかし、『コリントの信徒への手紙（二）』10章10節で、パウロは自分が皆からどのように見られているかを自ら書いています。すなわち「手紙は重々しく力強いが、実際に会ってみると弱々しい人で、話もつまらない」と、パウロには強い面と弱い面がともにあったようです。

結局、『使徒言行録』全体は、マルコ福音書の最後の一節を繰り広げたものだと言えないでしょうか。「弟子たちは出かけて行って、至るところで宣教した」（マルコ16・20）。

第4講　ローマの信徒への手紙（1）

キリスト教会には、初めのころの記録のようなものがあまり残っていません。皆、世の終わりがすぐにも来るものと思っていたため、何かを書き留めておこうなどとは考えもしなかったのでしょう。また、初めのころの信徒たちには、字の読み書きのできる人はほとんどいませんでした。だいたいキリストの十二使徒たちからして、はたして字が読めたかどうか疑わしいのです。多くの場合、手紙などは文字がわかる人に頼んで書いてもらうのが普通のことでした。

一方、教会のなかでは、初めからいろいろな問題が起きています。今のように電話もメールもなければ、ちょっと出かけようにも交通の便もありませんでした。何かあれば、手紙を書いて、何とか用をすませるよりほかに仕方のない時代のことです。そのため新約聖書に残っている二十七の文書のうち二十一までが実際の手紙か、または手紙の形で書かれたものなのです。

このなかで、いちばんはっきりした手紙がパウロの書いたものです。なかでも紀元五〇年代に書かれた、『コリントの信徒への手紙』の第一と第二、『ガラテヤの信徒への手紙』『ローマの信徒への手紙』の四つが有名です。パウロの手紙といえば、誰でもまずこの四つを思い出します。

今からこの四つのうち、最後に書かれたと思われる『ローマの信徒への手紙』、いわゆる「ローマ書」について、考えてみたいと思います。

パウロの切実な気持ち

ローマ書が、実際にパウロが書いた手紙であることについては疑う余地がありません。この手紙を書いたとき、パウロはまだローマへ行ったことがありませんでした。ローマへ行こうとは「何年も前から……切望していた」（15・22－24、28参照）のですが、行けませんでした。

それでは、そのまだ会ったこともない人々に、どうしてこんなに長い、心のこもった手紙を書いたのでしょうか。それには、それだけの切羽詰まった事情がローマの教会のなかにあったからで、パウロもそれに対して、どうしても書かなければならないと追い詰められていたのです。ローマ書には、そういう切迫した気持ちがありありと現れています。

聖書を読む場合、なぜそれが、そのように書かれたのかという、そのよんどころない事情を知る必要があります。そうしないと聖書を半分しか読んだことになりません。ただ、そこに書かれている教訓めいたところだけを取り上げて、それだけですますだけでは、あまりにも残念です。

結局、なぜ神さまはこういう文章をご自分のメッセージとして、私たちに読むようにと残されたのか、これが問題です。ただの記録や、教訓だけのことなら、わざわざ聖書でなくてもよかったのです。聖書には、人のいのちの救いがかかっているはずです。文章だけでなく、そのいのちの救いまで読み取ることが、いちばん大切なところです。聖書には確かにありがたい教え、教訓、美しい模範、戒めなどが盛りこまれています。しかし、聖書が聖書であるというのは、そこに人間一人ひとりの「救い」がかかっているからです。

ローマ書には、当時のローマのキリスト教会だけでなくキリスト教会全体、いや、それ以上に人類の「救い」という問題がくっきりと浮き彫りにされています。当時の教会の人々は、この「救い」の問題を切実に感じていました。一人ひとりが、それについての疑問なり矛盾に突き当たり、これでよいのだろうかと悩んでいました。それゆえパウロの手紙によって、「救い」はキリストの贖《あがな》いによると教えられ、心を突かれたのです。「なるほど、そうだったのか、これしかない」という確信が得られたからこそ、この手紙を大切に取っておいて、各教会で回し読みし、それを読み合っては互いにうなずき合い、信仰における喜びをともにしたのでしょう。

教会内でのもめごと

ローマ書は、ただの季節の挨拶やご機嫌伺いのようなものではありません。そこにはパウロがこれほどの手紙を書かなければならなかった、よほどの事情がありました。それが、この手紙の結論となる12章から15章にはっきりと出ていて、冒頭から11章まではすべて12章からの結論に持っていくための説明です。パウロはそのなかで、信仰と救いについて少しくどいくらいに一歩一歩、忍耐強く理由づけ、説き明かしていきます。パウロは、よほど念を入れて説明しないと、恐らく12章以降のことについて納得が得られないと思ったに違いありません。

ただ、問題が問題であるだけに、その説明のなかに私たちの救いがどのようなものであるかをくっきり浮かび上がらせるようなところがあります。しかし同時に、人の救いという微妙なことについて説明するのですから、考えは複雑にもつれてきます。それだけにまた、そもそもの問題が何であったのか、よく知っておく必要があるので、そこを見てみましょう。

うぬぼれないように

12章でパウロは、みんなが自分の本当の姿を慎み深く見極めて、決してそれ以上に思い上がることがないようにと戒めます（3節）。つまりローマの教会での争いには、「自分こそ他の人よりも偉い」と、互いに争うところがあったのでしょう。これは、人間なら誰でも持っている弱さですが、教会のなかでも頭の痛いことでした（マタイ18・1－5、20・20－28、23・12、マルコ9・33－37、ルカ9・46－48、14・7－11、18・9－14など参照）。

教会での役職なども、すぐに偉いか偉くないかに結びつけられたようです。パウロはこれに対して、私たちの一つの体が多くの部分から成り立っているように、私たちもそれぞれ与えられた賜物によって行動するようにと言い（4－8節）、「うぬぼれないように」としきりに戒めるのです（9－21節）。

節　制

自分が少しくらい優れているように思えてもうぬぼれてはいけない、かえって互いに助け合っていくようにとの12章の内容を受けて、この慎み深さや優しい思いやりは教会のなかだけではなく、社会生活全体にも広げていくようにと言っているのが13章です。

パウロは、ここでみんなに「眠りから覚めるべき時が既に来ている。酒色や争い、ねたみなどを捨てなさい」と、ずいぶんはっきり言います（11－14節参照）。ここからも、パウロがそう言わざるを得なかった、ローマの人々のありさまが目に見えてくるようです。手紙の様子から見て、これは決して「悪いことはやめて、善いことをするように」という、ありふれたお説教ではありません。どこの誰がまだ会ったこともない人々に「酒は飲むな、悪ふざけはよせ」などという手紙を書くでしょうか。

パウロは、心の底から相手の身になって感じることのできる人だったようです。それで、ローマでのことも、人から伝え聞いただけで自分のそれまでの苦労と照らし合わせて、まだ見たこともない教会の事情がすぐに飲みこめたのでしょう。「眠りから覚めるように。酒色にふけらないように」とは、実際に、ふしだらな生活から抜け出せないでいる人々を目の前にしての、パウロの祈るような心からの願いです。

ここで注意をしなくてはいけないことがあります。パウロのこのことばには、相手に対する優越感や相手を「くだらないやつ」と見下すような冷たい響きがありません。たいていの場合、「起きろ」と言うときは、「いつまで寝ているんだ、けしからん」と、叱り飛ばす気持ちがあります。「酒をやめろ、みだらなことをするな」と言うときは、「お前は何という恥知らずだ」ととがめる気持ちがあるものです。ところが驚いたことに、この手紙には相手をさげすむような、冷たい気持ちがまったく感じられません。相手にどれほど厳しいことを言っても、相手を見下すことはありません。「皆、同じ人間ではないか、一緒に助け合っていこう」と温かく手を差し伸べる、これがパウロという人です。

信仰の強さと弱さ

14章では、信仰の強い人と弱い人の問題という、いちばん根本のところにまで及びます。特に、この1節から12節までのことは、教会で初めから大変もめたところで、福音書にも同じような争いが繰り返し起こっていることが書かれています。これは旧約の律法に関わることですが、結局のところ人の救いとはいったいなんのことなのかという根本的な問題です。ですから、ここを少し詳しく考えていきましょう。

ここでの強い、弱いは、主に食べ物や飲み物、それに何かをするときの日どりの吉凶、汚《けが》れ、清めなどについての考え方を言います。日本でも、しかもこの二十一世紀の現代に至るまで、大安や仏滅が存在するように、まして二千年も昔のことであれば、ずいぶん迷信めいた考えが社会全体をしばりつけていたことでしょう。この迷信めいた気持ちは、イエス・キリストを取り巻く人々の心のなかにも渦巻いていました。

ユダヤ人たち、そしてキリスト教に回心して洗礼を受けたユダヤ人たちも、みんな律法の規定を守らなければ汚れると信じていました。汚れるというのは、神の罰として災いが起きる、不幸になるということです。これはペトロなど、キリストの弟子にしても同じことでした（ヨハネ9・1－3など）。こうして、「自分は信仰が強い」と思っている人から見れば、汚れを避けて、小さい規定に汲々《きゅうきゅう》としている人は「信仰の弱い人」――ここでは気が小さくて臆病な人たちくらいの意味でしょう――と映ったことでしょう。

　他方、パウロを中心とする人々の努力により、たくさんの異邦人（ユダヤ人以外の人）が洗礼を受けて教会へ入ってきました。この人たちは、律法のことなどは関係がありません。汚れにも清めにも関心がないのです。これを見て非常にショックを受けたのが、先の「信仰の弱い人」たちです。自分たちよりも後から教会へ入ってきて、しかも律法の規定を守らない。好きなものは何でも食べたり飲んだりとまったく自由です。「弱い人」は、どちらかといえば保守的で、何事にもきちんとした人々だったでしょう。その人々の目から見れば、それまでユダヤ人が命を懸けて守ってきたしきたりをまったく無視するよそ者などは、実に言語道断、けしからん人々です。そこから幾百千の苦情や小言、皮肉、小競り合いなどが生まれ、それが教会のなかでの困った争いに発展し、ついに「弱い人」などという言い方が生まれてきたのでしょう。争いがどれほどひどかったか、おおよその想像がつきます。

　しかし、これは、何も特別な争いではありません。口うるさい親と反抗的な子ども、勉強をさせたい先生と遊びたい生徒、上司とその部下など、多くの争いは親しい間柄で起こるものです。ただ、当時は律法の問題がからんでいたのでもつれは大きく、大きいだけに、その解決は人生の根本のところを突くのです。人の救いは、規則やしきたりのような人間の決めたことから来るのではなく、神の恵みこそが人を生かすと言います。この点でローマ書は、信仰の問題だけではなく、人間の生き方そのものに触れていると言えましょう。

問題解決のために

自分の確信を押しつけない

パウロはこの「信仰の強い人、弱い人」の問題に、どのような解決法を考えていたのでしょうか。驚いたことに、パウロはどちらが正しいとか間違っているとかは言わず、「もう互いに裁き合わないようにしよう」（14・13）と言うのです。これは、ただ争いだけはやめてほしいという、ことなかれ主義ではありません。つまらないことでけんかなどするなという、無責任なその場逃れでもありません。パウロはそこに、表面上の争いを超えて、その奥にある乱れを見ているのです。

またパウロは、「自分の決心にやましさを感じない人は幸いです」（14・22）と言い、確信というものは、自分のために持つべきものであって、まわりの人にまで押しつけないようにと戒めています。これについて、例を挙げて少し具体的に考えてみましょう。

日本では、ほとんどの人が、結婚式を大安の日に決めます。この日はたいてい式場がいっぱいです。仏滅の日に結婚式を挙げる人は少ないでしょう。しかし、大安とか仏滅、また吉凶などの縁起をかついでも、離婚するカップルはたくさんあります。結婚生活がうまくいくかどうかは、大安や仏滅には関係がありません。それくらいのことは誰でも知っています。

パウロも当時の教会のなかで、それに似た問題に当たっていました。パウロはそこで、それは人それぞれの確信の問題だと言います。結婚式は大安の日に限るというのも一つの確信だし、反対に、そんなものは時代遅れの迷信に過ぎないというのも、また別の人の確信です。それぞれ自分の考えが正しいと思いこんでいるわけです。ですから、この二つの確信同士が互いに、「自分は正しくて、相手は間違いだ」と言い出せば、これはけんかになります。当時の争いはこのようなことでした。

パウロ自身の確信

パウロは、ここで自分の確信を持ち出します。「それ自体で汚れたものは何もないと、わたしは主イエスによって知り、そして確信しています」（14・14）。これはずいぶん強い言い方です。神から知らされた、絶対に正しいことを自分は知っていると言うのです！「すべては清いのです」（14・20）と、「弱い人」には気の毒なくらいきっぱりと言い切っています。何を食べてもいいし、また不吉な日などはない、毎日がみな神からいただいた吉日だと言います。

それでは、汚れた食べ物、不吉な日などを信じて、その細々とした規定を忠実に守ることが、神への大きな愛になると確信している人はどうなのか。パウロはこれを責めようとはせず、かえって誰が正しいとか正しくないかなどと、互いに争うこと自体が間違っていると言います。自分が正しいと確信していることは、反対の立場の人をけなしたり、悪く言ったりして苦しめる理由にはならない。まして、気の小さなきょうだいを「信仰の弱い人」などとあざ笑うなど、それこそ「愛に従って歩んでいません」（14・15）と言います。

パウロはここで、自分が強いと思っているのなら、弱い人をいたわるのが本当だと（14・1、15・1－3参照）、「強い人」のほうをたしなめています。しかも、そのたしなめ方は、大変厳しいものです。

「あなたの食べ物について兄弟が心を痛めるならば、あなたはもはや愛に従って歩んでいません。食べ物のことで兄弟を滅ぼしてはなりません。キリストはその兄弟のために死んでくださったのです」（14・15）。

この「兄弟を滅ぼす」とは、よほど思い切った言い方です。あなた方は食べ物のことくらいで相手を責めてはならない。何を食べてもよいのだから、あるものを食べなくても何ということはないではないか。それなのにあなたは、食べないことで大切なきょうだいをつまずかせ、罪を犯させるもとをつくっている。これが、この15節のだいたいの意味になります。

「主のために生き……主のために死ぬ」（14・8）。これがパウロの生きている、その生命の核心のようなものです。「だれ一人自分のために生きる人はなく、だれ一人自分のために死ぬ人もいません」（14・7）。これは一見何でもない、少し信心深い文章くらいにしか見えないかもしれませんが、この一文にローマ書の初めから11章までの説明がすべてかかっています。つまり、その説明の奥に、パウロのそれまでの人生の体験がそっくりそのまま入っているのです。それだけに見かけよりも、はるかに奥行きの深い文章です。この文章の本当の意味をつかんでこそ、パウロの言いたかったことが感じられるようになります。

まとめと教訓

パウロは「信仰の強い人と弱い人」についてははっきり決着をつけるべきだ、すなわち彼はそのどちらが正しいかを主イエスから教えられてよく知っているのだから（14・14参照）、「弱い人」のほうが間違いで、「強い人」のほうが正しいとはっきり言えばいいと、多くの人は思うかもしれません。ところがパウロはそのようには言わず、その奥にあるもっと別のことを何とかわかってもらおうと苦心します。実は、パウロはこの争いのなかに、人間の世界のあらゆる争いの行き詰まりを見ているのです。

ここで、今までのパウロの説明をまとめると次のようになります。「なるほど、神さまのお造りになったこの世界に、汚れた食べ物や、不吉な日などあるはずがない。そういうありもしないことについて、縁起をかつぐのは間違っている。しかし、その間違いが、相手にどうしてもわかってもらえなければ、それ以外何ともしようがない。向こうは向こうで、自分の確信が絶対に正しいと信じ切っているのだから」。パウロはこう考えた上で、このような争いの後に何が残るのかを次のように順を追って、静かに見極めていきます。

(1) 律法にしばられる必要はないという意見は正しいのだから、相手の意見に譲ることはできない。

(2) 律法はユダヤの民が大切に守り続けてきたものであるから、それを捨てることはできない。

(3) 結局、どちらも譲れない。どちらも自分のほうが正しいと信じている。その間にどうしても争いが起こり、けんかになる。あとに残るのは荒れ果てた気持ちでしかない。

(4) しかもその争いとは、はてしない自己主張と、相手が間違っていて自分は正しいという、よこしまな優越感を味わうことだけでしかない、あさましいものである。

(5) こうして、相手を傷つけて、それによって自分の優越感を満足させてみても、人はそれ以上どこへも進めない。それは自分のためだけに生きている人の寂しさでしかない。「相手は間違っている、自分はやっぱり正しい」という、心のなかでまわりの誰とも一緒に生きていけない、孤独な人生の行き詰まり。

(6) パウロはこれを「大切な兄弟を、ごくつまらない食べ物のことくらいで滅ぼす」と言う

（14・15参照）。しかしこの場合、忘れてならないのは、きょうだいを「滅ぼして」、そこで本当に滅ぶのは誰かということである。それは間違っていると相手を責めて、苦しめているほうの人である。なぜなら、その人こそ「愛に従って歩んでいない」のだから（14・15参照）。

(7)　そしてパウロは、「人はキリストの死と復活以降、誰も自分のために生きる必要がなくなった。主のために生き、主のために死ぬ」という自分の最後の確信を持ち出す（14・7－9参照）。

このように、パウロの言い方は大変厳しいものです。自分は「主イエスによって知り」（14・14）とまで言います。別にパウロは威張っているのではありません。自分は嫌というほどわかっているのに、それを人はわかろうともしないことほど、もどかしいことはありません。自分にははっきり見えている人生の行き詰まりと、イエス・キリストにおけるそこからの救いを何とかわかってもらおうと、パウロは必死です。

「人は自分のために生きるのではない」（14・7－8参照）。

人は、自分の満足だけを求めて生きる限り行き詰まってしまい、そこから出られないと言うのです。「神の国は、飲み食いではなく」（14・17）、「自分の満足を求めるべきではありません」（15・1）。かえって、「おのおの善を行って隣人を喜ばせ、互いの向上に努めるべきです」（15・2）。「キリストも御自分の満足はお求めになりませんでした」（15・3）。

パウロは、自分の満足や誇りを求めて生きることの行き詰まりを、自分自身の体験からもよく知っていました。それが何の役にも立たないことを、3章27－28節で説明しています。このことについては、次講でより深く考えてみたいと思います。

第5講　ローマの信徒への手紙（2）

前講で説明したように、その当時のローマの教会には、パウロがどうしてもこの手紙を書かなければならなかったそれなりの事情がありました。それは手紙の12章から15章にかけての結論のような形で出ています。1章から11章までは、その結論の部分を何とかしてわかってもらおうとするための、説明のようなものです。扱う問題が人の救いに関することですから、その説明も人の心を奥深く打つところがあります。

挨拶と手紙のあて先

1章1－7節は挨拶です。当時、手紙の初めにはこういう挨拶をつけました。しかしそうは言っても、このパウロの挨拶には、とても深い心の思いがこもっています。それまでパウロは、これから書こうとすることをずいぶん心に思い詰めていたのでしょう。何かしら心の震えのようなものが、その文章から響いてきます。パウロはそれまで、ぜひ書きたい、ぜひわかってもらいたいと思っていたことを今、力をこめて書き始めたのです。

1章の5節から6節への続き具合からすれば、この手紙でパウロが話しかけているのは、ローマの教会のなかでも異邦人（ユダヤ人以外の人々）のキリスト教徒です。回心して洗礼を受けたが律法を守ることのなかった、いわゆる「強い人」（66ページ参照）たちです。これが6節で「あなたがた」と呼びかけられている人々です。

パウロはこの人々に、どうしてもわかってほしいことがあって、この手紙を書きました。私も、このような手紙がもらえれば、どれほどうれしいことでしょう。しかし、このローマ書も聖書の一部分ですから、神さまから私にあてられた手紙でもあるのです。くれぐれも、ご自分にあてて書かれた手紙でもあることを忘れずに、心してお読みください。

キリストに生きる

律法順守という問題

パウロが「強い人」に向かって、どうしても説明してわかってもらいたかったのは、キリストの救いのことです。キリストを神の独り子であり救い主と信じる、いわゆるキリスト教徒は、いまだユダヤ人が守っている律法の取り決めを守らなければ救われないのか。これはキリストの教会が初めに出会った大きな問題でした。もし、律法はもう守らなくてもよいというのであれば、律法とはもともと何の意味もなかったのか。この問題は非常に根深いものであり、初代教会には頭の痛いことでもありました。

こういうことはなかなか解決しにくい問題で、そう簡単には割り切れません。「もう律法は守らなくてもよい」と言い切るのは簡単です。しかし、それでは律法を教える旧約聖書にも意味がなくなるのでしょうか。当時の教会にとっても、旧約聖書は神の書物でした。それに意味がないとか、もうすたれたなどとは言えないことです。

それに、もう一つの困ったことが出てきました。「強い人」のなかには、その当時から「もう律法は守らなくてもよいのだから、何をしてもよい」と言って、ずいぶん勝手な生活に走る人が現れてきたことです。律法の根本は、神の十戒にあります。「殺すな、盗むな、姦淫《かんいん》するな」などの十の戒めです。今、それを守らなくてもよいと言えば、「それでは殺しても、盗んでもよいのか」ということになるのは当然です。それで結局、律法を守るのか、守らないのか、まさに説明の難しいところです。

パウロはここで、律法を守るからといって人が救われるわけではないが、キリスト・イエスの信仰に生きる者は、もう殺したり、盗んだりはしないという説明をします。ずいぶん微妙なところですが、このあたりにローマ書の複雑さがあるのでしょう。

キリストなしの人生

パウロは、この手紙のすべての説明の根本に、キリストによる救いがいったい何であるのかをはっきりさせようとします。そしてそのために、キリストの救いにあずからない人間が、ユダヤ人であろうと異邦人であろうと、すべて例外なしに不幸であるという、その救いのなさを描き出そうとします。

異邦人の場合の不幸（1・18－32） この世界を少し注意深く見れば、真善美である神の存在はわかってくるはずです。それなのに皆、その神を知ろうともせず、恥ずかしいことばかりしているので、この人たちには弁解の余地がないとパウロは言います（1・20）。この恥ずかしい行いをするということも、また神の罰でもあると言っています。

神の罰といえば、それまでありもしなかった恐ろしい不幸や災いを、神がその人に仕向けられるように考えがちですが、パウロの言うここでの神の罰、「〔神の〕怒り」（1・18）は、いわゆる懲らしめのための仕置きではありません。それは、人が自分で勝手によこしまな生活に入っていく、つまり欲望のままに恥ずかしい行いにふける、それを神がそのままするようにさせておかれることを言います。1章の18節から32節のまでの間に、〝するにまかせる〟（渡される）という意味のことばが三回出てきます。

「神は、彼らが心の欲望によって不潔なことをするにまかせられ、そのため、彼らは互いにその体を辱めました」（1・24）。

「神は彼らを恥ずべき情欲にまかせられました」（1・26）。

「彼らは神を認めようとしなかったので、神は彼らを無価値な思いに渡され、そのため、彼らはしてはならないことをするようになりました」（1・28）。

パウロによれば、自分は賢い者だと言いながら、愚かなことばかりしていること自体が神の怒りの現れであり、神の罰なのです。罰とは、神が外から人に当てられるものではなくて、人が自分からはまりこんで、もうそこから出ようとしない不幸です。これが生活の実感としてもわからないと、ローマ書のこの個所は理解しにくくなります。

それでは、神の罰はどこにあるのでしょうか。神はまず、人をいろいろと戒められます。良心の声もあれば、親や先生、親友などの声もあるはずです。けれども、人はそれを聞かずに勝手なことばかりしていると、せっかくの戒めの声が聞こえなくなってしまいます。それがパウロの「渡される」という言い方になるのです。

ここでもう一つ、パウロを理解するために大切なことは、パウロは神の「たたり」をまったく信じていないということです。これは新約聖書全体の特質でもあり、福音書のなかでも、イエスはたたりというような考えをきっぱりと退けています（例えばヨハネ9・1－3）。

ユダヤ人の場合の不幸（2・17～3・20）

パウロによれば、ユダヤ人とは、「ユダヤ人と名乗り、律法に頼り、神を誇りとし、その御心を知り、律法によって教えられて何をなすべきかをわきまえてい（る）」（2・17－18）人々だと言います。これは大変鋭い言い方です。もしこれを批判や攻撃、または皮肉ととれば、パウロはひどい人です。ここで2章の初めの文章を見てください。そこにはパウロの自己批判のようなものがあります。「他人を裁きながら、実は自分自身を罪に定めている」、すなわち人を裁いて、「自分でも同じことをしている」と言うのです（2・1－3）。パウロはそういう愚かなことをする人ではありません。

パウロには、決してユダヤ人たちを責める気持ちはなく、むしろその反対です。同じユダヤ人というよりも、はるかに強い、何か一蓮托生《いちれんたくしょう》とでも言えるような気持ちでいます。「わたしには深い悲しみがあり、わたしの心には絶え間ない痛みがあります。わたし自身、兄弟たち、つまり肉による同胞（ユダヤ人）のためならば、キリストから離され、神から見捨てられた者になってもよいとさえ思っています」（9・2－3）。まことに切実な気持ちで、これほどまでに思っているユダヤ人の同胞をけなすことなど、できることではないでしょう。

2章17節から20節までは、回心の恵みを受ける前のパウロ自身の姿です（ガラテヤ1・13参照）。

神に選ばれたユダヤ人としての自負心に満ち、異邦人を見下し、自分は立派だという自己満足に生きていたのがパウロでした。

そのために、2章全体の主体がはっきりしないのです。「あなた」と呼びかけられている主体が誰なのかが昔から論じられてきました。何となくあいまいで決めようがない。単数の二人称で「あなた」と言い、しかも、「ユダヤ人はもとよりギリシア人にも」（2・9－10）とも言っているので、ますますはっきりしません。

パウロはここで、必死になって自分の立派さのために生きた、過去の自分の焦りとあさましさを自分の心のなかに探り当て、書き出しています（2・17－20）。律法においてもだめだったし、割礼もそれだけでは何の意味もなかった。それに今から思えば、何という自負心とうぬぼれ。そのくせ他人の欠点と落ち度だけは、情け容赦なく見とがめてきた自分。このような自分を思って、思わず胸が締めつけられるように痛む。その気持ちを、パウロは2章の全体に書き記しています。パウロこそ、もう自分には「弁解の余地はない」（2・1）と知り尽くしているのです。

これはまた、ただパウロだけの気持ちではありません。パウロはそこにすべてのユダヤ人の迷いと焦りを見ており、さらにすべての人間のなかに生きている〝ユダヤ人的姿〟を感じ取っています。あくまでも忘れてならないのは、この手紙がローマのキリスト教会のユダヤ人信徒に対してではなく、ローマの信徒にあてられているということです。その人たちに向かって、ユダヤ教

パウロの回心（カラヴァッジオ、1601年ごろ、サンタ・マリア・デル・ポポロ教会、ローマ）

徒の自負心と偽善を責めて何になるでしょう。明らかにパウロは、人間誰しもその心のなかには〝ユダヤ人的考え〟があることを見抜き、そこへ向かって語りかけます。そうでなければ聖書は、何の関係もない第三者に、ユダヤ人の悪いところを責める、卑しい暴露文学になってしまいます。そうではなく、聖書は読む人にいちばん関係のあることしか語らない書物です。

正しい者は一人もいない　パウロはこれまで、ユダヤ人とユダヤ人以外の人（異邦人）の両方を見て、そのどちらもが救いのない一生を送っているという、深いみじめさを描き出してきました。

３章に入って、パウロは人が皆、自分で無意識に感じている「自分の立派さ」を持ち出してきます。いったい、「自分は悪いことはしていない」「自分は大丈夫だ」というのは、どういうことを意味しているのでしょうか。ここでパウロは不思議なこと、しかも非常に根本的なことを持ち出しています。「わたしたちの不義が神の義を明らかにするとしたら」（3・5）とか、「わたしの偽りによって神の真実がいっそう明らかにされて、神の栄光となるのであれば」（3・7）と言うのです。「人が悪ければ悪いほど、神さまの良さが引き立ってくるのだから、人が悪ければ、それだけ神の名誉のためには好都合」という考えです。

これは、成績の点数の差のような考え方です。点数の悪い人がいるからこそ、点数の良い人は引き立ちます。みんなが百点をとれば、席次も順位もありません。また、みんなが九十五点をとって一人だけ百点であれば、その人はよくやったには違いありませんがたいしたことはない。ところが、二十点や三十点がぞろぞろ並んでいて、七十点の人など数えるほどしかいないときに、一人だけ百点をとれば、その百点は非常に輝くのです。人が悪ければ悪いほど、神の良さが際立つというのはこういうことでしょう。だから人はもっと悪いことをして、神の良さを輝くようにしようという理屈まで、パウロは考え抜いています（3・8）。

しかし、パウロはこれを「人間の論法」（3・5）だと拒否しています。つまり、神や人が「良い」のは、比較の問題ではないと言うのです。自分のようには規則を守らない人、自分のようには努力しない人を見ながら、「自分はまだましだ」と安心する（ルカ18・9－14）ところには、人の本当の良さはありません。しかし多くの人は、自分をまわりの人と見比べながら、「自分はまだましだ」とか、「もっと悪いことをする人がたくさんいるのだから」と安心しながら、なんとなく一生を送りがちです。こういう取り留めのない一生を、パウロは「人間の論法」だと拒否するのです。

ここにパウロの回心の深さが現れてきます。彼こそ熱心に律法を守り、それだけでは満足できずに、律法を守らない者を捕らえてきて、迫害した人です（ガラテヤ1・13－14、使徒言行録9・1－2）。その彼が、今度は「一方の悪いところが、他方の良さを引き立たせるのではない」と言い出すのです。どれだけ人の悪いところ、至らないところを取り立ててみても、それで自分が良くなるわけではないと言っています。いや、それだけではありません。人の悪いところを暴き出して騒ぎ立てることこそ、「兄弟を滅ぼす」大きな悪だと言うのです（ローマ14・15）。つまり、互いに裁き合う（14・13）ことには、何の意味もないと言います。パウロはここで、鋭く、底の底まで考え抜こうとします。

「わたしたちは一人一人、自分のことについて神に申し述べることになるのです」（14・12）。神に申し述べるのは、自分が誰よりもましだとか、自分よりもだめな人がたくさんいるというような、まわりの人との比較ではなく、ただひたすらに、自分は神と人をどれだけ愛したかということだけです。

真の幸福とは

人は自分を救うことができない

パウロは、今までのところで何を言いたかったのでしょう。それは、キリストの救いにあずからない人間は、真の幸福は得られないということです。

真の幸福を得ていないということは、その当人たちにはわからないのかもしれません。いや、自分では結構、満足しているのかもしれません。しかし、よくよく突き詰めて考えてみると、頼りない毎日の人生だけでしかないのかもしれません。自分の欲に走り、楽しく華やかな生活にあこがれて、いつも目先の何かを追い求めながら、ただ何となく一生を過ごしていく人。結局は欲にまみれて、欲しいものにもてあそばれるだけのうつろな人生です（1・18－32）。

それでは、自分の欲望に走らない人はどうなのか。これが、「自分は悪いことをしていない、自分は正しい」と言う人です。パウロはこれを、「ユダヤ人」と呼び（2・17）、この人たちも、結局は水の泡のような「誇り」に生きているだけだと言います。

ここでもパウロは、自分の過去の気持ちを振り返りながら、「自分は立派だ」「自分は大丈夫だ」という「誇り」のはかなさを見抜いています。自らユダヤ人（神から選ばれた民）と称し、律法を守っているからと安心し、神を誇りとし、み心を知り、律法に教えられて、何が大切なことかをわきまえていて「自分は大丈夫」と自負しているのなら（2・17－20）、もうこれ以上、何もつけ加えることはありません。言わば完全無欠です。しかしパウロは、これもだめだと言います。なぜでしょうか。それは、パウロがユダヤ人を描くときに、妙にしつこくつけ加える、「自負してい（る）」（2・20）という短いことばにあります。これはこの場合、「自分はユダヤ人だ、決められたことはすべて守っている、自分は大丈夫だ」という誇りです。パウロは後の4章1－8節で、人がいかなる意味においても自分について絶対に誇ることのできない、その理由を述べています。

パウロはあくまでも、人は自分で自分を救うことができないと考えています。4章に出てくるアブラハムというのは、ユダヤ人たちが、それこそ自分たちの先祖としていちばん頼りにしていた偉大な人物です。そのアブラハムが救われたのは、立派な人間として良いことをしたからではない。もし仮に良いことをしたから救われたとすれば、アブラハムは自分の立派なことを誇れるはずだ。しかし、アブラハムでさえも自分のことを誇ることはできないと言うのです（4・2）。

ここにパウロの見た、この世の行き詰まりがあります。「自分は人よりも立派だ、規則もすべて正しく守っている」というところには、人の上に自分を置く優越感と、自尊心をくすぐる自己満足があります。それこそ水の泡よりもはかない、寂しい誇りでしかない。まさに人生の行き詰まりです。これはこの世の不幸でこそあれ、人生の幸福とか救いとは、まるで正反対です。「だからユダヤ人も、結局は異邦人と同じではないか」と、パウロは言います（3・9）。いつも鏡に向かって、「誰がいちばんきれい？」と尋ねずにはいられない、白雪姫の継母さながらの焦りだと思われませんか。

「人は誰でも、自分の努力だけで幸福になれるものではない」（3・9－12、20参照）というのが、今までのところのパウロの結論です。誰一人として、自分の力だけで幸福にはなれない。もちろん、少しばかりの満足なら自分の努力で何とかなります。しかし、人の本当に求めている喜び、人を心底幸福にするもの、それは人の力だけでは何ともならないのです。

普通に考えれば、悪いことをすれば、不幸になるくらいのことはわかります。盗んだり、だましたり、殺したりして、つまりまわりの人を不幸に陥れて、自分が幸福でいられるはずがありません。しかし、それでは悪いことをしなければ、つまり、律法に定められたことを行う人はどうなのか。パウロはここではっきり言い切ります。「それだけでは、人は幸福になれない」（3・20参照）。これについては、「律法を守っても、ますます満たされないユダヤ人の寂しさ」として、今まで見てきた通りです。

信仰の核心としてのキリストの死と復活

パウロはローマ書で、自分にははっきりわかっていても、人にはとても説明しにくいことを、何とかわかってもらおうと、さんざん苦労しながら解きほぐしていきます。しかもパウロは、この手紙も自分で筆を執って書いたものではなく、書記に書いてもらったのです。頭のなかでとっさの間に文章を考え、それを次から次へと口述していく。それを聞いて書記はその通りに書いていく。今の多くの著作家のように、考えては書き、それを消しては書き直していったものではありません。何か待ったなしという感じです。

しかし、その待ったなしでこれだけの手紙が書けたのですから、パウロはイエス・キリストの救いと信仰について、よほどはっきりしたことを心に感じていたのでしょう。またその信仰を、昼も夜も生き抜いていたはずです。それでなければ、このような手紙が書けるはずはありません。

一方では、次から次へと口述していくために、何となく考えのまとまらないところが出てきます。考えに考え抜いて、文章を組み立てていくときの理路整然さというものが必ずしもあるわけではありません。しかし他方では、事がパウロの信仰の核心に触れるとき、そこにこの偉大な人物の情がほとばしり出ることになります。そういう個所の一つとして3章の21節から31節があります。

パウロのこのような情熱のもとには、そういう激しい炎を燃え上がらせた神の愛があると自分で書いています（8・31－39）。しかし、パウロは、このような神の愛をどこに見ているのでしょうか。これは、パウロを理解するための一つの鍵でもあります。パウロは、人類を救う神の愛を、「キリスト・イエスの受難と死と復活」（8・32－34参照）に見ています。驚いたことに、パウロは、キリストの教えや不思議な奇跡について、何も語りません。山上の説教（マタイ5～7章）、いろいろなたとえ話、キリストの誕生の物語などについても、彼はまるで何も知らないように黙っています。神の子イエス・キリストの受難と十字架上の死、三日目の復活という事実が、それだけ強くパウロの心に迫っていたのでしょう。

私は、とても疑り深かったのです。信じたいという欲求は飢餓状態に陥るほどであったものの、すべての教義を無条件に受け容れることに依然強い抵抗感があったのです。

その入り口を開いてくれたのは、イエスの言葉でした。私はそのころ、聖書を毎日むさぼるように読んでいました。聖書だけが私の頼りでした。

ある時、ひとつの聖句が私の心を捉えました。「敵を愛し、自分を迫害する者のために祈りなさい」（『マタイによる福音書』５章44節）。

これはなんて極端な言葉だ、こんなことは普通の人間には決してできない、と思いながら、待てよ、だからこそこれは紛れもない神の言葉なのではないだろうか、と思い至ったのです。神の前には敵も味方もないでしょう。すべての被造物の神なのですから。私は、自分が中途半端な完璧主義者であったことを恥じました。そしてこうも思いました。最初から全部を信じられなくてもいいじゃないか。それより、これだけは信じられるという言葉を大切にしよう。そして、それを増やしていこう。なにしろ、相手は神の言葉なのだから、すぐ理解できなくて当たり前だろう。

私は、イエスという人に自分を懸けてみようと決心しました。そしてこの人から目を離さないでいようと思い続けて、今日に至っています。

聖書とわたし――1

信じられる言葉を大切にしよう

三澤洋史
指揮者・作曲家

神さまの存在は子どものころから信じていました。それに、小学校に行く道の途中にあるカトリック教会の庭に立つルルドの聖母マリアの像などを見ては、何か心ときめくものを感じていました。

思春期真っ盛りの高校時代。私は音楽の崇高さに惹かれ、音楽家への道を目指していましたが、同時に、自分が何か醜い存在に感じられて、自己を律してくれる宗教を強く求めていました。高校２年生の秋、プロテスタント教会の信者であった友人に誘われてアメリカ人宣教師に会いに行きました。その宣教師は私に会うなり、聖書を広げて、こう言いました。

「はじめに神は天と地を創造された、と書かれています。これを信じますか？」。「いえ、まだ……」。「え、信じないのですか？」。「信じたいと思ってここに来たのです」。「じゃあ、信じてください。これを信じないと何も始まらないのです」。

私は落胆して教会を出ました。言われたことを鵜呑みにするだけでは嫌だったのです。結局、私はその教会には行かずに、例のカトリック教会にふらりと入り、居心地が良いのでそこに居着きました。けれども20歳で洗礼を受けるまで、なんと４年もかかってしまいました。

第6講　ローマの信徒への手紙（3）

パウロは、この世に何を見ていたのでしょうか。これがローマ書の初めから3章20節までの内容です。まず、何がなんでも自分の欲しいものを求め、人を押しのけ突きとばして、ただ自分の欲望に生きてみればどうなるのか。これが律法を持たない人たちのことです。でもそれによって人は幸福になれるものではありません。

それでは、律法のことをよく守って、悪いことをしなければいいのか。つまり、パウロがユダヤ人と呼ぶほうの人たちは、「自分は悪いことはしていない」と言います。しかしこの人々も、やはり心の奥底では何か満たされていない、うつろな不幸のなかに生きているのです。

ここに、「自分は悪いことをしていない」と言う人の行き詰まりがあります。あなたは福音書に出てくるユダヤ人たち、とりわけ律法学者、祭司、ファリサイ派の人々の奇妙な姿に驚かされるに違いありません。この人たちこそ、律法を正しく守る専門家です。ところが、この人たちがそろいもそろって、人の欠点ばかりを素早く見とがめて、陰気につぶやいてばかりいるのです（マタイ12・1－14、15・1－9、22・15－22、26・3－5、マルコ7・1－13、12・38－40、ルカ5・27－32、11・37－54、13・10－17、14・1－6、16・14、18・9など）。

キリストにおける人の救い

恵みとしての信仰

これまで人の救いのない暗さを見てきたパウロは、ここで突然に人の救いを持ち出します。この3章21節から31節のところに、パウロの神から受けた恵みとしての信仰が、くっきりと描き出されます。パウロは三つの点を挙げます。

(1) 人が救われるのは、その人が規則を守ることや努力によってではなく、ナザレのイエスを神の子キリスト（救い主）であると信じることによる（21－24節）。

(2) 人がただ信じるだけで救われるようになったのは、神の子キリストがすべての人間の罪の償いとして、十字架の刑を受けて死んでくださったからだ（25－26節）。

(3) 人は「無償」で救われるのだから、人の「誇り」は取り除かれた（27節）。

このように、立て続けに三つの大切なことを述べた後で、パウロはひと言難しいことをつけ加えます。すなわち、人は、自分がどれほど善い人間であるかによって救われるわけではない。だからと言って、もう善い人間にならなくてもよいということではない。いや、そのときこそ、救われた人間として、できる限りそれにふさわしく生きる努力をしなければ、救われたことにはならない（31節）。

この31節は、とても微妙なところです。律法を守ることによって救われるのではなく、救われたからこそ、それにふさわしいように律法を行わなければならないのです。つまり、救われるためにではなく、救われた結果として、律法を行うことに意味が出てくる、これが「律法を確立する」（31節）ということです。こういうところのニュアンスが理解できないと、パウロの意図がピンと響いて伝わってきません。これは文書ではなくて手紙ですから、書いた人の気持ちを十分に読み取るようにしてください。何はともあれ、この最後のところは、とても強くパウロの心にかかっていました。それでこの後、6章と7章の全体をその説明にあてています。

以上のように、3章21節から31節が理解できれば、そこにパウロの信仰の核心が現れているので、ここからローマ書をはじめ、パウロの手紙の全体がわかりやすくなります。ローマ書に書かれた問題、すなわち第4講で見た「教会内でのもめごと」にしても、人は無償で、ただキリストの十字架上での死の償いにあずかるという信仰だけで救われるのだから、他のことであくせくすることはない。汚《けが》れとか清めのために手を洗うか洗わないか、そういうまじないのようなことでくよくよする必要はない。また、食べ物とか日取りの吉凶なども、信仰による救いには関係がない。それを守らなくてもいいし、守らないと気の済まない人は守っても毒にはならない（14・5－11）。神の子キリストが私たちのために死んでくださったのだから、この世にもう恐ろしいものはない（8・31－39）と言います。

これが信仰の中心であり、核のようなものです。パウロはこれに結びつけていろいろなことを言います。今からそのいくつかを取り上げてみたいと思います。

救いとこの世の苦しみ

普通「救い」といえば、苦しみのない楽な生活を考えます。『岩波国語辞典』で「救う」の項を引いてみると、「あぶない状態、苦しい状態、悪い環境、貧しい境遇などにある者に力を貸し、そこからのがれるように助ける」とあります。さらに『広辞苑』の「極楽」の項では、「阿弥陀仏の居所である浄土。西方十万億土を経た所にあり、全く苦患《くげん》のない安楽な世界」と説明されています。これは苦しみのまったくない、楽しさの極みとでもいうことでしょうか。

ところがパウロは、救いについて、このようなことを全然考えていません。5章の初めを読んでみてください。まず楽しさの極みとは言いません。その代わりに「神の栄光にあずかる希望を誇りにしています」（5・2）と言います（8・18－21も同じ）。その栄光は楽な生活ではありません。

必死に生き抜くところの、生命の張り合いのようなものです（5・3－5参照）。

これと関係のある個所として、8章31－39節の輝かしい文章があります。パウロが神の愛を感じて、その心の奥底から湧き出てくる喜びの歌です。ぜひ声に出して五、六度、静かにお読みください。

キリストが私たちのために死んでくださった

これについては5章6節から8節に書いてあります。パウロという人は、非常に優秀な頭脳の持ち主です。どの手紙を見ても、よくもこれだけのものを口述できたと驚かざるを得ません。それとも、下書きくらい作ってあったのでしょうか。しかし現在の聖書学の通説では、パウロが口述して、書記がそれを書いたということになっています。

ただ、ローマ書5章で、パウロが一つの文章を言いかけて、それをとっさの間にふっと考え直したところがあります。7節の前半で、正しい人のためにいのちまで投げ出すようなことはできるものではないと言います。パウロは頭のなかで、何かそれに続く文を考えていたのでしょうが、7節の後半で急に別の言い方を思い立ちます。それで前の考えを打ち消して、よほど善い人のためであれば、その人のために死んでも惜しくないという人が、あるいは出てくるかもしれないと言います。ここでパウロは、明らかに考え直したのでしょう。

結局はここで、善い人のためならばともかく、普通は他人のためにいのちまで投げ出してくれるような人は一人もいない、それなのにキリストは私たち罪人《つみびと》のために死んでくださったと驚いています。パウロは、この一つの事実に非常に感激し、そのために彼の一生が一変してしまったのです。

パウロをそれほど捕らえたもの、それはキリストの愛でした。「だれが、キリストの愛からわたしたちを引き離すことができましょう。艱難《かんなん》か。苦しみか。迫害か」。毎日苦しいことばかりだが、私たちには、愛してくださる方がいらっしゃるので、どのような苦しみにも負けることはないと言います（8・35−39）。

「私には愛してくださるお方がいらっしゃる、そのお方は私のために死んでくださった」。これは先の32節にも出ていました。パウロは、父なる神がそのいちばん大切な独り子イエス・キリストを、すべての人の救いのために死に渡されたという事実をその胸にひしと抱きしめて、その愛に生き抜いたのです。それだけに先の5章7−8節の、ちらりと考え直したところがいかにもパウロの感動を伝えていて、温かく響くように思えてなりません。

罪に死んでキリストに生きる

今までのところから、人は自分の立派さによって救われるのではないということがわかります。

もし善い人間になるための努力によって救われるのなら、人は自分の力、つまり律法の業《わざ》によって救われることになります。そうではありません。神の子キリストが、この私たちのために死んでくださったからこそ、私たちは救われることになりました（5・6－11）。

それでは、私たちがどれだけ悪くても救われるのなら、これからもずっと悪いことをしてもよいのではないか。これは少しひねくれた考え方ですが、一応の理屈ではあります。パウロは6章でこの理屈を取り上げ、罪人も神の恵みによって救われるのだから、神の恵みに信頼して、「罪の中にとどまるべきだろうか」と問い、「決してそうではない」と否定します（6・1－2）。問題はその理由です。パウロは、救われた人は皆キリストの「死にあずかるために洗礼を受けた」（6・3）から、また「キリストと共に葬られ」たからだと言います（6・4）。罪とは、人の心と体がこの世に生きる欲望のあがきです。キリストとともにこの世に死んだ人は、この世に生きる欲望のあがきとも関係がなくなったので、必要のないことをするはずがない（6・2）というのが彼の論理です。

パウロは、ここでも少しおもしろいことを言います。キリストとともに罪に死んで、キリストとともに復活するとさんざんに言っておいて、6章の最後のところで、「罪、罪と言うけれど、この世の欲に引かれて罪に走ってみても、ろくなことはなかったでしょう」と、ちくりと釘を刺します。「そのころ、どんな実りがありましたか。あなたがたが今では恥ずかしいと思うものです。それらの行き着くところは、死にほかならない」(6・21)。

こういうところから見ても、パウロはただの理論や理屈を並べているのではありません。いや、パウロにはただの教義や理論はありませんでした。彼の見ていたもの、それはこの世界の、生の現実です。

霊と肉

人は、イエス・キリストの贖《あがな》いによって無償で救われます。それでは、この信仰によって一度救われた人には、もう何の苦しみもない、ただ希望の光と喜びに満ちた明るい生活だけが待っているのでしょうか。そうではありません。やはり、この地上での苦しみを乗り越えていかなければなりません。これについては先に述べました。

しかしパウロは、ここでもう一つ別の、苦しい闘いのことを言い出します。それは人間の、自分自身との闘いです。パウロは、人間につきまとう善と悪の二つの原理を感じて、そのどちらもが、自分であることとの矛盾に悩みます。「わたしは、自分のしていることが分かりません。自分が望むことは実行せず、かえって憎んでいることをするからです」(7・15)。「わたしは自分の望む善は行わず、望まない悪を行っている」(7・19)。

パウロは、人のなかにある、良いことをしようとする原理を「霊」とか理性、良心と言い、悪に傾く原理を「肉」と呼びます。「要するに私自身は、理性では神の律法に仕え、肉では罪の原理に仕えているのだ」ということです（7・23、8・3－8）。しかし、これは当時の普通の言い方でした。パウロは、何も現代的な意味で、「精神は良いもので、体は悪く汚らわしいもの」と言っているのではありません。人の心と体のどちらが悪くなりやすいかといえば、それは心です。憎しみ、あざけり、所有欲、支配欲、ねたみ、欺きなど、みんな人の心から出るものです。パウロがこれらのものをすべて肉の働きのほうへ入れたのは、当時の考え方、言い方から来るものです。しかしパウロは、なぜこのようなことを言い出したのでしょう。それは、救われた者にも闘いが残っているということです。

次に、8章22－25節を読んでみてください。「私たちは救われているが、まだ体の贖いを希望している状態にある」というようなところから、パウロの考えていた救いのありさまがはっきりしてきます。それは「目に見えないものを望んで、忍耐して待っている」という救いです。この救いは、目に見えるものへの望みが満たされるというものではありません。偉くなるとか立派になる、身を立て、名を上げるというような望みではありません。パウロが忍耐して待ち望んでいたもの、それは「御子（キリスト）の姿に似たもの」（8・29）になることです。これは復活したキリストと同じ栄光を受けることですが、それにはキリストに似た生き方が望まれるのです。

「〔わたしたちは〕神の相続人、しかもキリストと共同の相続人です。キリストと共に苦しむなら、共にその栄光をも受けるからです」（8・17）。「〔わたしたちは〕おのおの善を行って隣人を喜ばせ、互いの向上に努めるべきです。キリストも御自分の満足はお求めになりませんでした」（15・2－3）。御子キリストとは何者か。キリストこそ、自らの満足を求めず、皆のために死なれた方です。その方の姿に似た者とは、やはりその方に倣い、皆のために死ぬ者でしょう。このように「人を愛する者は、律法を全うしているのです」（13・8）。

この隣人愛の個所は、何かつけ足しのようにしか感じられないかもしれません。単に、隣人愛のことも言っていると軽く見がちですが、それにしては念が入り過ぎています。まず2章の初めで、他人を裁いてはいけないと強く言います。次に、8章31節から神の愛のことが出てきます。さらに、12章全体にわたって、「何が神の御心であるか、何が善いことで、神に喜ばれ、また完全なことであるか」（12・2）を説明しますが、その全体が、真心をもって隣人に尽くしていくということです。さらに、13章でパウロは、「互いに愛し合うことのほかは、だれに対しても借りがあってはなりません」（13・8）と、人生には隣人愛以外にすることが何もないかのように、非常に強く言い切るのです。最後に15章で、「キリストも御自分の満足はお求めになりませんでした」（15・3）と、自分の満足を求めず、人を満足させるようにと言います。

隣人のために生きる

パウロの手紙のわかりにくさのもとには、「生きる」とか「生活」ということについて、多くの人との感じ方の違いがあるからです。多くの人は自分のために生きたいと思っているでしょう。自己実現をしたい、社会で認められたい、金持ちになりたいなど、自分の望みを優先して生きたいと願っていると思います。ところが、パウロはこういう気持ちを超えてしまっています。実はその昔、パウロこそ手柄を立てて、誰よりも立派になろうと人一倍がんばりました（使徒言行録8・1－3、9・1－2、22・3－5）。しかし、回心の恵みを受けたその瞬間から、パウロは自分が立派になるとか、偉くなるという自分本位の生き方を捨てています。

「わたしたちの中には、だれ一人自分のために生きる人はなく、だれ一人自分のために死ぬ人もいません」（ローマ14・7）。

それでは、人は何のために生きるのか。それこそキリストと人のためだとパウロは言います。「わたしたちは、生きるとすれば主（キリスト）のために生き、死ぬとすれば主のために死ぬのです。従って、生きるにしても、死ぬにしても、わたしたちは主のものです」（14・8）。「おのおの善を行って隣人を喜ばせ、互いの向上に努めるべきです」（15・2）。

パウロのこういう気持ちをよく表す文章として、8章32節があります。「わたしたちすべてのために、その御子をさえ惜しまず死に渡された方は、御子と一緒にすべてのものをわたしたちに賜らないはずがありましょうか」。パウロはここで、神は私たちに「すべてのもの」を惜しみなくくださるのだから、私たちはもはや、自分のためにあくせくすることはないと言うのです。このように、私たちは自分のために生きる必要はなく、安心して主のため、隣人のためだけに生きるべきではないでしょうか。

キリストの救いとパウロ

ローマ書は、パウロの書いた手紙のなかで、スケールのいちばん大きなものです。しかし、この手紙は神学の理論や救いの秘訣を教えるものではありません。なぜなら、世の終わりがすぐにも来ると思っていたのですから、きょうか明日かというときに、信仰による救いについての神学の理論をわざわざ書き残そうという気持ちなど、持てるはずがありません。パウロはあくまでも、ローマやコリント、テサロニケなど、一つひとつの教会の抱えていた当座の問題を何とかしなければと思って、とりあえずできる限りのことを書いたのです。

パウロの手紙はすべてにわたって、パウロ固有のもの、つまりものの考え方から感じ方に至るまで、その当時の、その地方でのものです。それは数学の公式のように、どこにでも、誰にでも当てはまるというようなものではありません。それと同時に、パウロが皆に語りかけたものは、ダマスコ近郊で直接にキリストを見て回心した、その信仰です。パウロの手紙、さらに聖書のほかの個所を読んでいく場合の心構えのようなものを次に並べてみましょう。

(1) 人の救いは、一つの具体的な出会いによって果たされます。それは一人の人間と、「愛である神」との出会いです。

(2) そこで、パウロがいちばん言いたいこと、わかってほしいことは、「神はあなたのために、ご自分のいちばん大切な独り子のいのちも惜しまずに投げ出された」という具体的な事実です。パウロは、自分のために死んでくださった御子に対して、大変ありがたく思っています。理論ではなく、具体的に十字架の上で、こんな自分のために死んでくださったキリストにまったく打ちのめされています。これがパウロの体験している救いです。この気持ちが理解できるか、あるいは感じられれば、パウロの手紙はずっと理解しやすくなります。

(3) 普通に救いと言えば、何かこの世での苦しみや煩わしさがなくなるなど、少しでも楽な状態を考えます。人生の道をあえぎながら、その日その日をやっと過ごしていく私たちとしては、あまりにも当たり前のことです。ところが、聖書の述べる救いは、そういう楽な状態などとは違う、心と愛の問題です。

(4) 心と愛。それはこの世の何物にも増して貴い、一つの現実です。ただ、この現実はそれだけではまだ目に見えてこないものです。ここにパウロの苦しいところがあります。何とかわかってほしい。でも、愛そのものを人の目の前に突きつけることができない。それでパウロは、さかんに繰り返します。幾度も幾度も、神の子キリストは、私たちのために身代わりとなって死んでくださったと言うのです。ところが、それを聞いた人の多くが、「それだけでは何も良いことがないではないか。愛だけではつまらない。得するものがないし、生活も楽にはならない」と物足りないような顔をするのです。

手紙から感じられるのは、パウロは説得力を持った人であったということです。パウロの話を聞いて人は感激し、回心して、洗礼を受けたでしょう。しかし、一度パウロがその人たちから離れて別の町へ行ってしまうと、多くの人が神の愛だけでは生きられないと思うようになったのでしょう。何か別のもの、回心のときには、もういらないと思ったものが、また欲しくなる。それに対して、パウロはまた手紙を書いて、初めの気持ちを取り戻してほしいと頼みます。

「ああ、物分かりの悪いガラテヤの人たち、だれがあなたがたを惑わしたのか。目の前に、イエス・キリストが十字架につけられた姿ではっきり示されたではないか。……あれほどのことを体験したのは、無駄だったのですか」（ガラテヤ3・1－4）。「どうか、主が、あなたがたに神の愛とキリストの忍耐とを深く悟らせてくださるように」（二テサロニケ3・5）。

第7講　ガラテヤの信徒への手紙

パウロがガラテヤ地方の、いくつかの教会に手紙を書いたのは、いわゆる第三次宣教旅行のすぐあとのことです。

その前の第二次宣教旅行の途中、パウロはガラテヤ地方で病気になりました（4・13－14）。その養生のために、思ったよりも長くこの地方にとどまりました。そして、この間にパウロはこの地方にたくさんの信者を得て、いくつかの教会ができました。これが『使徒言行録』に出てくる旅のことです。その後、パウロはもう一度この地方を回ります。

このガラテヤという名前には、少しあいまいなところがあります。その一つは、もともとガラテヤと呼ばれた地方の名前、もう一つは、ローマ帝国の行政区域の一つを指す名前です。前者は、広くとってあって、シリアからキリキア地方までを含んでいます。このどちらの意味にとるかによって、パウロがいつごろ、どのあたりの人々にこの手紙を書いたのかが違ってくるのです。しかし、これは、聖書を詳しく研究する人たちの間の意見の違いであって、手紙そのものの理解がそう違ってくるわけではありません。

ガラテヤというのは、もとはゴールという部族の名前が変化したものです。この部族は紀元前二八〇年以後ここに住みつき、少しずつギリシア文明の影響を受けていきました。最後の王は南へずいぶん領土を広げたのですが、紀元前二五年に王が亡くなった時点で、この国もローマ帝国の一地方になり、ガラテヤと呼ばれるようになりました。

ガラテヤの教会での出来事

『ガラテヤの信徒への手紙』は、パウロの気持ちが大きく揺れ動く、その動きを正直に映し出した、ずいぶん激しい内容のものです。パウロはまず、事の意外さにあきれ果てて、初めから使徒としての怒りを隠そうとしません。手紙の初めの挨拶は型通りに書くのですが、それでも何かよそよそしいところがあります。そして、そのあと単刀直入に、相手に自分の怒りをそのままぶつけます。

「キリストの恵みへ招いてくださった方（神）から、あなたがたがこんなにも早く離れて、ほかの福音に乗り換えようとしていることに、わたしはあきれ果てています」（1・6）。

ガラテヤの人がこんなにも早く、本当の信仰から離れていくことにあきれ果てたと言います。こういうところにパウロの腹立たしい気持ちがよく表れています。言いたいことを、まず、ぶちまけたのです。この文章から、この手紙を書かざるを得なくなった事情の一部がわかってきます。それは、パウロたちが告げ知らせたものとは違うことを福音として告げる人たちが現れて、ガラテヤの教会の人々を惑わし、キリストの福音をゆがめようとしたということです（1・7－9参照）。

パウロの「使徒的怒り」は、すでに挨拶の初めから現れています。「人々からでもなく、人を通してでもなく、イエス・キリストと、キリストを死者の中から復活させた父である神とによって使徒とされたパウロ」（1・1）のように、「……でもなく、……でもなく」という強い言い方で彼は、自分は人によってではなく、神によって直接に召されたということを強調しています。

ガラテヤの教会の人々への手紙にだけわざわざ、しかもいきなり出だしから、「自分は、人からではなく、神によって使徒として選ばれたのですよ」と書くところに、この手紙を書かざるを得なかったもう一つの事情がわかってきます。つまりガラテヤの教会でも、「パウロは本当の使徒ではない」（二コリント9・2参照）と言って、彼を追い落とそうとする人たちが出てきたのです。

しかもパウロは、この手紙を書く少し前に、ガラテヤの教会を回ってきたばかりです。そのときは何事もうまくいっていました（5・7参照）。それからしばらくして、騒ぎのことを聞きます。それで、「こんなにも早く」気持ちが変わってしまったのかと「あきれ果てて」いるのです（1・

6参照)。誰かほかの人が、当時のキリスト教会の中心地であったエルサレムから来て、自分が教えたのとはまったく別の教えを吹きこんだ。しかも、ガラテヤの教会の人々はいとも簡単に、まんまとそれに引っかかってしまいました。ガラテヤの人々を迷わせた人たちに対するこのときのパウロの義憤は大きく、「呪われるがよい」(1・8)、「わたしは繰り返して言います。……呪われるがよい」(1・9)と、続けざまに二度もこの人たちを呪っています。

パウロはずいぶん頭の良い人です、そして、パウロほど穏やかな人間の良さを心得ている人はいません。ちなみに、この手紙とほぼ同時期に書かれた『コリントの信徒への手紙(一)』の13章には、「愛は忍耐強い。愛は情け深い。ねたまない。……いらだたず、恨みを抱かない……すべてを忍び……すべてに耐える」(一コリント13・4-7)という記述があります。ところが、ガラテヤの教会の人々が死ぬか生きるかという瀬戸際に立ったとき、パウロは猛然と怒り、相手の悪いところを数え立てて、なんとか彼らの心を引き戻そうとします。これはパウロの「使徒的怒り」であって、「愛の賛歌」とも呼ばれる先の第一コリント書の13章と矛盾することなく、両立しているのです。そこからパウロという人の心の温かさが伝わってくるように思えます。もちろん、こんな手紙を書くくらいですから、パウロはいわゆる〝優等生〟ではありません。優等生ならもっと温厚な、もっと自分に傷がつかない上手な口振りで、自分の気持ちを伝えようとしたはずです。

ここでもう一度、パウロの気持ちを思い出してみてください。「わたし自身……肉による同胞のためならば、キリストから離され、神から見捨てられた者になってもよいとさえ思っています」（ローマ9・3）。これはパウロの人柄を知る上で、非常に意味の深い文章です。しかしそのためには、パウロにとってユダヤ人が何者であったのかを十分に知る必要があります。

パウロの手紙を読むと、パウロの仕事を初めから終わりまで邪魔し、ひどく苦しめた人たちの姿が浮かび上がってきます。それは異邦人ではなく、実はユダヤ人たちです。改宗してキリスト教徒になったユダヤ人たちも、人は律法を守ることなく信仰だけで救われると説くパウロにとても厳しく当たっています。その人たちこそ、パウロが苦心して育て上げたガラテヤの教会やコリントの教会を、パウロのいない間にさんざん混乱させ、パウロを裏切らせたのです。しかし、それでもパウロは、もしそれでユダヤ人が救われるのなら、自分は「神から見捨てられた者になってもよいとさえ思っています」とまで言うのです。

第一部（1・10〜2・21）

パウロは初めに、自分が直接に神から使徒として選ばれた事実を説明します（1・11－12）。それはガラテヤの教会を迷わせた人たちが、パウロは本当の使徒ではないと言い立て、ガラテヤの人々もそれを信じるようになっていたからです。この部分は、パウロの生涯を知るうえで、大変貴重な資料になっています。ここで、パウロは四つのことを挙げます。

(1) 当初パウロはキリストの教会を迫害し、滅ぼそうとしていた（1・13）。

(2) ところが、神が直接にご自分の御子をパウロに啓示された。その後、キリスト教徒の誰にも会わず、アラビアに退いた（1・15－17）。ここで、自分の抱いている信仰が人間の誰からも教えられたものではないと強調している。

(3) 当時のキリスト教会の中心であったエルサレムへ行ったのは、回心後三年ほどしてから。そのときは、ペトロとヤコブに会っただけで、十五日間しかそこにはいなかった。

(4) その後、パウロは十四年間シリアとキリキアで働く。しかし、異邦人にだけ働きかけ、ユダヤ人キリスト教徒の教会へは出入りしなかった（1・21－22）。

パウロはここで、自分の使命はエルサレムの教会当局とは関係ないものであり、自分は神から直接選ばれて、直接に教え導かれていると言います。そうすると、ここでパウロの立場は宙に浮いてきます。つまり、エルサレムと関係がないのなら、パウロの伝える信仰などただの独りよがりではないのかということです。

パウロはこれに対して、「エルサレムの教会でも、そのおもだった人たちは、パウロのことをすべてそのまま認めた」と言います（2・1－10参照）。何一つ間違っていなかった、全部正しかったとし、「彼らはわたしに与えられた恵みを認め、ヤコブとケファ（ペトロ）とヨハネ、つまり柱と目されるおもだった人たちは、わたしとバルナバに一致のしるしとして右手を差し出しました」（２・９）。

これは、パウロがすでに十四年も宣教の仕事をした後のことです。エルサレムへ行ったのも、呼び出されたからではなく、「啓示によるものでした」（２・２）。こういうところで、パウロはあくまでも自分の使命と、その宣《の》べ伝える福音、さらにエルサレムへ出向くことまで、みな「神の啓示による」ことであると強調します。

この第一部の終わりのほうに、パウロの苦心と労苦がよく出てきます。そして、この労苦は十分に報いられました。もっとも、それはパウロが死んでからずっと後のことです。しかし、神から選ばれたなどと言えば、何か非常に良いことがありそうですが、本当は大変なことであったに違いありません。パウロの手紙を読んでいると、つくづくそれが感じられます。

パウロとペトロは、宣教の区域が初めから二つに分かれていました。ペトロは割礼を受けた人々へ福音を宣べ、パウロは割礼を受けていない者への福音宣教をゆだねられていました（２・７）。このことは、ここで三度も出てきます（２・２、２・７、２・９）。

パウロのこの異邦人への宣教は、初めのうちはどこから手をつけたらよいのか見当もつかない難しいことであったに違いありません。だいたいユダヤ人が「異邦人」と言う場合、それはほとんど野蛮人ぐらいの意味になっていました。もちろん、食事をともにすることなど絶対にありませんでした。食べ物も異邦人が少し触っただけで全部捨てました。神殿に異邦人が一人でも入れば、神殿が汚《けが》されたと大騒ぎになったほどです（使徒言行録21・28）。あるとき、キリスト自身から教会の頭《かしら》として選ばれたペトロが、異邦人と食事をともにしていました。ところが、そこへヤコブのもとからある人々が来た途端に、その人々を「恐れてしり込みし、身を引こうとしだした」のです（2・11－13）。『使徒言行録』10章によれば、神はペトロに、「どんな人をも清くない者とか、汚れている者とか言ってはならない」（10・28）と示されたはずです。そのペトロがそれでも恐れたということは、ヤコブの側近とは相当な人たちだったのでしょう。

パウロは、この人たちが初めから問題にしていなかった異邦人への宣教を、ゼロからほとんど一人で始めました。それだけでも大変なことなのに、それに加えて、律法にこだわるユダヤ教からの改宗者との関係で非常に苦しまなければなりませんでした。

ガラテヤやコリントの教会が、やっと軌道に乗り始めたちょうどそのときに、エルサレムから乗りこんできたのがこの人たちです。彼らはまず、パウロは使徒ではないと追い落としにかかり、律法の細則を守れと言ったり、割礼を強制したりして、さんざんにかき回しました。それを知ったパウロは、苦しみ抜いた末にガラテヤやコリントの教会へ手紙を書いたのです。

パウロの答え

それでは、こういう動きに対して、パウロは、どのように答えているのでしょう。ちょうど、それが2章の終わりに出てきます。ここでパウロは、自分の確信をはっきりと述べています。この答え方は、ちょっと普通の争いを許さないような鋭いものです。と言っても、一挙に相手を言いこめるといったようなものではありません。パウロは誰をも傷つけず、神から自分に直接授けられた、信仰による救いのことだけをすっきりと言い出します（2・20－21）。

パウロはまず、自分を誤解しているガラテヤの教会の人々に、事情をわかってもらおうとします。そのため最小限に必要なことを前段で書き並べました（1・11～2・21）。普通であれば、このあたりからそろそろ感情的になるものですが、パウロはそうなりません。ただ、神から特別に自分に与えられた信仰のことだけをはっきりと打ち出すのです。

パウロとしては、ここでずいぶん苦しいところへ追い詰められています。ガラテヤの人たちが皆、変な目で見ているのです。それでもパウロは、誰とも言い争おうとはしません。2章の14節から15節への続き具合なども鋭い皮肉を交えた、激しい言い争いになる兆しとしか思えないようなところですが、そうはなりません。だいたいパウロは気性の激しい人です。それに頭の回転が速く、鋭い人です。こういう人が今、とことん追い詰められているのに相手との対決に持ちこまない。これは本当に、見事と言うよりほかに言いようがありません。

2章16節で言われているのは、人間の最後の救いの事実についてのことです。つまり、人は自分の努力だけで救われるものではなく、神の子キリストを信じる信仰によってのみ救われる。その当然の結果として、人は自分に生きる代わりに、むしろ自分を捨ててキリストに生きることにしか生きる意味がない。まさにその通りです。しかし、まったくありふれた普通の人間である私たちは、そういう生き方ができるのでしょうか。まず無理です。それは、私たち皆のなかに、万人共通の弱さがあるからです。

この場合の弱さというのは、人間の心と体の奥底にある「力のなさ」というようなものです。例えば、よほどまともな決心でも、なかなか守り抜けないようなところとでも言えるでしょうか。私たちの生活には、それをすればいいに決まっている、しかも、それは訳なくできそうなのに、いざとなるとできない、そういうようなことがたくさんあるのではないでしょうか。勉強や何かの練習など、すればできるのにやろうとしない。始めても、すぐにやめてしまう。人は誰でも、こういう弱さを持っているでしょう。そういう点からパウロの文章を見ると、ずいぶん驚かされるところがあります。

「わたしは、キリストと共に十字架につけられています。生きているのは、もはやわたしではありません。キリストがわたしの内に生きておられるのです」（2・19－20）。

　これが書かれたのは紀元五六年ごろのことです。パウロがキリストの姿に打たれて回心して、もう二十年も過ぎてからの文章です。パウロは二十年もの間、当初の生々しい信仰を持ち続けて、それを実際に生き続けてきたのです。ここの文章は感激と感動に満ちあふれています。

　それでは、私たちはこれを読んで、その通りに生きることができるでしょうか。なかなかそうはいかないものです。ここに聖書の文章と、私たち普通の人間の生活との違いが出てくるのです。読んで少し考えるだけなら、誰でも「そうだ、その通り」と納得できるでしょう。突き詰めれば、「これ以外の生き方は、自分には考えられない」とまで思うかもしれません、しかし実際には、その通りに生きられるものではありません。実際の生活には嫌なこと、腹の立つこと、つまらないことがたくさんあります。そのために最初のころの感激や決心、心の思いなどがすべて消えていくこともあります。これは、ただ意志が弱いとか、努力が足りないからというだけではありません。やはり人の心と体の奥に、何に対してもとことん徹し切ることのできない、ひ弱なところがあるからでしょう。

　パウロの場合、どうしてあれほどの信仰の感激に生き続けることができたのでしょう。それはただ一つ、神の恵みによることでした。パウロは、そのことを知り抜いていました（2・20－21）。だからパウロは、自分のことについて何も誇ろうとしないのです。いや、誇れなかったのです。

こういうところから見れば、パウロの手紙は一つの道しるべです。そこに書かれているのは、人の救いの真実です。誰でも聖書が少しわかれば、そこに教えられ、勧められている通りだと思うでしょう。しかし、実際にその通りに生きることを始めてみても、なかなかうまくいかない。幾度やり直してみてもだめということが重なってくると、そこでたいていの人はあきらめてしまいます。「あれは美しいけれども、結局は絵に描いた餅のようなもので食べられはしない」というのと同じように、聖書に書いてあることはきれいで立派だけれども、よほどの聖人君子でない限り実行不可能だと思ってしまう。あるいは、「聖書は自分のような者に向いていない」と投げ出してしまう。

聖書にあることは、夜空に輝く星だと思ってみてください。美しく輝いている星は、まぎれもない現実です。しかし、どれほど現実であっても、すぐにも手の届くところで光っているのではありません。聖書を読むときは思い上がってはいけませんが、聖書に書かれていることは人間世界からまったくかけ離れた、ただの理想だけでもありません。そこには、人間の最後の真実があり、人の一生の意味を見つけることができるのです。

ただそれは、人が自分の力だけで自分のものにすることはできません。人生とは、それほど貴く気高いところへ向けられているだけに、なかなか行き着けるものではありません。毎日そのほうへ向かって立ち上がり、勇気を出して一歩ずつ歩んでいくのです。その間にも、少しずつ聖書を読んで、いつも自分の進む方向を確かめていく。大空に輝く星の輝きが、自分の目から消えてしまわないように。

しかし、それにしても長い道のりです。行けども行けども、まだまだ遠くかなたに輝く星。良い日ばかりが続くのではなく、雨の日、風の日、ジリジリ照りつける日もあるでしょう。それでも遠くから輝きかける星は、ときにはうらめしく思えてならないし、よそよそしく感じられるかもしれません。はたして私たちは、そこまで行き着けるのでしょうか。それが行き着けるのです。しかし、それはあくまでも「もはや私ではなく、私のうちに生きておられるキリスト」においてのことなのです。

第二部（3・1〜5・12）

律法にこだわるユダヤ教からの改宗者がエルサレムから来て、ガラテヤの教会の人々に「律法」と「割礼」について吹きこみました。「キリストの教えはパウロが伝えたことだけではない。もっと奥深い秘伝がある」くらいのことを言って、律法のことを持ち出したに違いありません。ガラテヤの人たちは、ついこの間まではキリスト者の生活に努めていたのに（5・7）、急にいそいそと「いろいろな日、月、時節、年など」（4・10）、すなわちユダヤの祝日や断食に関する規定を守るようになりました。これに対してパウロは、人間が律法の細かい取り決めや割礼ぐらいで救われるものではないと説明します（3・11－14）。

パウロはここで、何とかしてみんなの目を覚まさせようと必死になります。「わたしは今こんなに大きな字で、自分の手であなたがたに書いています」（6・11）と言い、あなた方を迷わせている「割礼を受けている者自身でさえ、律法は守っていない。ただ彼らは、あなた方の外面的なことで誇りたいために、あなた方に割礼を受けさせようとしている」と、ずいぶんはっきり言ってのけます（6・12－13）。

この第二部は、なんとなく雑然としています。あれも言いこれも言って、みんなをなんとか元の信仰に引き戻そうとしています。ここでパウロの気持ちは乱れています。鋭い口振りで「あの者たちがあなたがたに対して熱心になるのは、善意からではありません。かえって、自分たちに対して熱心にならせようとして、あなたがたを引き離したいのです」（4・17）とまで言って、張り詰めていたパウロの気持ちは、そこでどうしようもない悲しみに襲われます。「あなたがたのことを思うと私は苦しい。あなたがたのもとに居合わせて、語調を変えて話すことができればいいのですが、今はあなたがたのことで途方に暮れています」（4・19－20参照）。この文章だけでも、パウロという人の心の温かさが言いようもなく伝わってきます。これほどまで人のことだけを、ただひたすらに思い続けることのできるパウロとは、なんという人なのでしょう。

第三部（5・13～6・18）

まず、神の子としての自由とは何をしてもかまわないというふしだらなことではなく、「愛によって互いに仕える」ための自由であると説明します（5・13－14）。パウロは5章の初めで、律法に結ばれるのは、再び昔の「奴隷の軛《くびき》」（5・1）につながれることと同じだとし、その軛から解き放たれることこそが神の子の自由だと言うのです。

この「愛によって互いに仕える自由」とは、つまり「霊の導きによって生きる」（5・16参照）ことです。この霊の導きによる生活の内容を示す語が並べられています（5・22－23）。その反対を「肉による生活」と言い、その内容も並べてあります（5・19－21）。

ここでパウロの言う霊と肉の区別を、人間の精神と体（肉体）の区別と混同してはいけません。パウロの霊と肉に、それぞれ何が考えられているかは、先の二つのリストから考えてください。悪徳は人間が自分の力で作り出すものですが、善徳は人間の働きによるものではなく、キリストと一致した人間に宿る聖霊によるものだとパウロは言っています。しかし肉体はいやらしくて汚らわしいものということではありません。体も神が造られた人間の大切な部分ですから、パウロがこれを悪くいやらしいものと考えていたはずがないのです。

今まで口述しながら書記に書いてもらっていましたが、結びの挨拶（6・11−18）は自分で「大きな字で」書きます（6・11）。パウロはここでもう一度、「あの人たち」にだまされないようにと、自分の信念をはっきりと書き上げます。

「わたしには、わたしたちの主イエス・キリストの十字架のほかに、誇るものが決してあってはなりません」（6・14）。

第8講　テサロニケの信徒への手紙

第一の手紙

『テサロニケの信徒への手紙』は、第一と第二の二通あります。第一は今残っているパウロの手紙のうちでいちばん古いものです。パウロは紀元四九年ごろのエルサレムでの使徒会議に出席して、その後、第二次宣教旅行に出発します。そのときフィリピからテサロニケへ来ますが、それからまもなく信徒が誕生して教会が発足します。それでパウロはここを去りますが、すぐに二つのことが起こりました。まず、テサロニケの教会が迫害を受けたこと。そしてテサロニケの教会で死人が出たことです。そして、その人たちはどうなるのかという問い合わせが来ました。

『使徒言行録』（17・1－9）に、パウロがテサロニケで宣教を始めたときのことが出てきますが、これはどうみてもこの第一の手紙を書く少し前のこととしか考えられません。しかしそうだとすれば、このことについての『使徒言行録』の記述とテサロニケの教会への手紙の食い違いについて、どう整合性を取ればいいのかわかりません。

(1)『使徒言行録』によれば、パウロはシラスという人と一緒にテサロニケでの宣教を始めます。しかし、パウロの手紙ではテモテと一緒でした。

(2)『使徒言行録』によれば、テサロニケの教会の信徒はユダヤ人と多くのギリシア人、かなりの数の婦人たちでした（使徒言行録17・4）が、手紙では全部が異邦人です（1・9参照）。

(3)『使徒言行録』によれば、パウロとシラスが町を出たのはユダヤ人たちのねたみからで、騒ぎのために夜のうちに送り出されました（使徒言行録17・5－10）。しかし手紙にはこのようなことは書かれていません。パウロとテモテがいなくなってから、テサロニケの教会は迫害されましたが、それもユダヤ人からの迫害ではなく、彼らの同胞からのものでした（2・14）。それ

手紙によれば、パウロはテサロニケの教会が迫害を受けたと聞いて、とても心配します。それで、ついこの間出てきたテサロニケへ、同行していたテモテにもう一度行ってもらいます。やがてテモテは帰ってきて、テサロニケの人々が無事であったことを報告します。しかし、それと同時に、テサロニケで死んだ人たちもいて、この人たちはどうなるのか知りたいという問い合わせを持ってきます。

みんなが無事で、ますます熱心に生きていることを喜び、これからのことについての励まし、

そして死者の復活について説明するためにパウロはその場で返事を書きます。簡単で短い手紙です。ここに、そのあらましを説明しましょう。

第一部（1・2〜3・13）

テサロニケの教会の人たちが、とても熱心に信仰の生活を送っているので、これがマケドニア州とアカイア州で評判になって、「すべての信者の模範となるに至った」（1・7）。パウロは祈りのたびにこれを思い起こして、いつも神に感謝しています（1・2）。

これが文章の通りであれば大変な熱心さです。信仰のことだけではなく、生活全体（1・9－10）においてパウロに倣う者となり、それで主に倣う者となった（1・6）この人たちについて、パウロはもう、「何も付け加えて言う必要はないほど」（1・8）ですからたいしたものです。

こういうところから見れば、パウロは救いの教えや信仰の理論だけを説明したのではなく、その人柄と潔白な生活の全体が異邦人たちに強烈な印象を与えたと思われます。パウロを見たこの人たちの生活は、広くその周囲の地方にまで驚きと喜びを呼び起こしていくほどに、美しく変わっていったからです。

しかしパウロという、自分に対しては厳しく生き、人に対しては大きな愛に生きた人物が、「何も付け加えて言う必要はない」とまで折り紙をつけたこの熱心さには、少し心配を感じさせるところもあります。こういう熱心さが長く続くものでしょうか。

これがいつまで続いたものなのか、今では知りようがありません。しかし、それはいつの間にか消えてなくなり、テサロニケの教会の人々は、やがて迷うようになります。実は、それがテサロニケあての第二の手紙の問題なのです（例えば二テサロニケ3・11－15）。

この熱心さについては、もう一つの問題があります。テサロニケの教会の人たちは、もう明日にでも、世の終わりが来ると信じていました。パウロがそう教えたからです（4・17）。登山ではよほど苦しくても、「もうすぐ頂上に着くよ」とか、「あと五分すれば山小屋に着いて、冷たいジュースが飲めるよ」と言われれば、誰だって元気が出ます。しかし、もう疲れ切って、水筒も空っぽというときに、「頂上まであと三時間」と言われればがっかりします。「もう帰りたい」「来るんじゃなかった」という気持ちにもなるでしょう。

ですから、テサロニケの人々が当初の熱心な生活をそっくりそのまま一生の間、十年も二十年も続けられるものなのかどうかわかりません。たとえそれが続かなかったからといって、テサロニケの人々を責めることはできません。誰でも「もう少しの辛抱だ」と言われれば、たいていのことは我慢できます。「明日にでも、世の終わりが来る」と言われれば、お金や宝石などは持っていても仕方がないので、全部人にあげても惜しくないでしょう。しかし、言われたにもかかわらず世の終わりが来なければ、いつまでもそう熱心ではいられなくなります。そして、パウロの言ったような世の終わりは来なかったのです。

次にパウロは、自分がテサロニケで、いかに世話にならずに、ただ、みんなの救いのためだけに「神の福音を語った」かを思い出してほしいと頼みます。ここに回心したパウロの一生を貫いた一つの方針があります。それは、パウロが信徒の人たちから集めたお金で生活しようとはしなかったことです。そのためにこそ、「だれにも負担をかけまいとして、夜も昼も働き」(2・9)ました。パウロも使徒です。すでにその当時から、キリストの使徒たちは教会のなかで偉い人でした。「キリストの使徒として権威を主張することができたのです」(2・7)が、パウロはそうしませんでした。

教会のために働く人たちには自分の家族ぐるみで、信徒たちの献金をもって「食べたり、飲んだりする権利」(一コリント9・4)が当然ありました。つまり、教会のために働くので、自分とその家族の「生活の資を得るための仕事をしなくてもよいという権利」(同9・6)があるわけです。パウロも、これは主キリストがお決めになったことだから、当然だと言います(同9・14)。おもしろいことに、パウロが苦心して育て上げたコリントの教会が軌道に乗ると、パウロのいない間にほかの人々が来て、この権利を自分のものにしたのです(同9・12)。しかし、パウロはこの権利を絶対に自分のものにしませんでした。それは、「かえってキリストの福音を少しでも妨げてはならない」(同)というパウロの強い気持ちからのものです。そんなことをするくらいなら、

「死んだ方がましです」（同9・15）とさえ言います。パウロは、福音のためなら皆に何を与えても惜しくない、「自分の命さえ喜んで与えたい」（一テサロニケ2・8）とも思っています。しかし、反対に、皆から自分の食費を出してもらうくらいなら、むしろ死んだほうがましだというのが、パウロの「誇り」（一コリント9・15）でした。

パウロは、テサロニケの人々が、自分の宣教によって神のみことばを受け入れたことをとてもうれしく思っています。さらに、迫害を耐え忍んだことについてねぎらおうとします。あとは、皆に対して感謝し、彼らを誇りとしています（一テサロニケ2・19－20）。それに、もう一度会いたいと思っているがそのたびに邪魔が入って行けなかったことや、代わりに行ってくれたテモテが帰ってきて、良い知らせを持ってきたので、これほどうれしいことはないなど、ただ神に感謝して、あとはひたすらに祈るのみだと書いています。この個所でのパウロのテサロニケの人々への熱の上げようは大変なものです。

第二部（4・1〜5・22）

まず、テサロニケの信徒はパウロから学んだ通りに歩んでいるが、その歩みを「今後も更に続けてください」（4・1）と言って、二、三の指示を与えます。兄弟愛についても同じように言います（4・9－10）。

ただ、ここでおもしろいことが書かれています。「落ち着いた生活をし、自分の仕事に励み、自分の手で働くように努めなさい。そうすれば、外部の人々に対して品位をもって歩み、だれにも迷惑をかけないで済むでしょう」(4・11－12)。これは、前から「わたしたちが命じておいたように」(4・11)と言うのですから不思議です。テサロニケの信徒には、働かず、人々に迷惑をかけている人が多かったのでしょうか。まじめに働いて生きている人に「だれにも迷惑をかけないで」などとは言わないものです。とにかく、パウロが「わたしたちの希望、喜び、そして誇るべき冠……誉れであり、喜び」(2・19－20)とまでほめている人たちに、「迷惑をかけないように」と言うのは、大変不似合いだと思うのです。

次に問い合わせのあった、死んだ人たちのことについて(4・13－18)、また、これと関係して世の終わりとキリストの再臨について書いています(5・1－11)。パウロたちが出発してから、テサロニケの教会で死者が出ました。すぐにも世の終わりが来て、キリストに出会うとばかり聞かされていた人たちは、それまでに死んだ人は、もうキリストに会えないのかと不安になりました。

これまでパウロは、死者の復活については何も話していませんでした。話してあったのなら、誰も心配して問い合わせたりはしなかったでしょう。テモテも、この問題には答えられませんでした。テモテはわざわざテサロニケへ来たのですが、尋ねられても答えられなかったからこそ彼はこの質問をパウロにまで持って帰らなければなりませんでした。こういうところから見ると、パウロは世の終わりとキリストの再来をよほど身近に、すぐにでも起こることのように思っていたことがわかります。

この、生者と死者の復活についての文章（4・13－18）と世の終わりについての説明（5・1－11）は、これらのことについての素性のはっきりした資料のなかで現存するいちばん古いもので、紀元五十年ごろとされています。

第二の手紙

この手紙はいろいろな意味でちょっと変わっていて、ごく短い手紙です。そして、その内容は謎めいています。そういうところに注意しながら、あくまでも手紙そのものをお読みください。

挨拶

この挨拶は、テサロニケの信徒への第一の手紙の挨拶をほとんどそのまま持ってきたものです。パウロが書いた手紙の挨拶を並べてみるとほかではこういうことはせず、そのとき、その場の事情に合わせて、心のこもった挨拶をしています。

通常、手紙の挨拶は初めだけではなく、結びにもあるものですが、この第二の手紙の結びには次のように書かれています。「わたしパウロが、自分の手で挨拶を記します。これはどの手紙にも記す印です。わたしはこのように書きます」（３・17）。

いったいなぜ、「自分の手で挨拶を記します」などと言わなければならないのか。それは、ほかにパウロの手紙の偽物が出回っていたからです（２・２）。名もない人の手紙の偽物が出回るはずはなく、パウロがキリスト教会のなかで一応の権威、つまり重要で有名な人物となっていたからです。しかしパウロは、自分の権威を皆に押しつけたり、見せびらかしたりする人ではありません。「わたしは、キリストと共に十字架につけられています。生きているのは、もはやわたしではありません。キリストがわたしの内に生きておられるのです」（ガラテヤ２・19－20）と言うほど、主キリストだけを前に出して、自分は極力控えめにしています。

世の終わりとキリストの再臨

第一の手紙と第二の手紙の大きな相違は、世の終わりについての感じ方の違いです。この第二の手紙には、世の終わりが「まだ来ない」という感じ方が表れています。「この世が終わる前には、まだいろいろなことが起こるはずなので、主の日が来ていると言う人があっても、だまされないように」（２・１－12参照）。しかもこのことは、テサロニケの教会の人はよく知っているはずだと言うのです。「まだわたしがあなたがたのもとにいたとき、これらのことを繰り返し語っていたのを思い出しませんか」（2・5）。

これが第一の手紙では、まるで反対です。パウロは、私たちは主の再臨のときまで生き残っているとはっきり書いています（一テサロニケ4・15－17）。また、「あなたがたの霊も魂も体も何一つ欠けたところのないものとして守り、わたしたちの主イエス・キリストの来られるとき、非のうちどころのないものとしてくださいますように」（同5・23）という文章は、第二の手紙のように、世の終わりが来るまでに神への反逆が起こり、神に反抗する滅びの子が出現した後、それが滅ぼされてから世の終わりになる（2・1－10）というよりもずっと直接的です。第一の手紙には、何事もなく、すぐに世の終わりが来るという雰囲気がありました。

したがって、第一の手紙と第二の手紙では、著者が同じパウロだと言っても、まるで別人のようです。また、テサロニケの信徒にしても、第一の手紙と第二の手紙を受け取るのは別人のようです。第一のほうの人々は、すぐにも世の終わりが来るものと、それればかりを待っています。第二のほうの人々は、まだ当分は来ないと思っていても、すぐに動揺して慌てふためいたりしているようです（2・2）。

第二の手紙では、世の終わりについてのスケジュールのようなものが出てきます。「主イエスが力強い天使たちを率いて……燃え盛る火の中を来られ……罰をお与えになります」（1・7－8）。

「まず、神に対する反逆が起こり……滅びの子が出現し……主イエスは彼を御自分の口から吐く息で殺し……光で滅ぼしてしまわれます。不法の者は、サタンの働きによって現れ……あらゆる不義を用いて、滅びていく人々を欺くのです。……神は彼らに惑わす力を送られ、その人たちは偽りを信じるようになります。こうして……不義を喜んでいた者は皆、裁かれるのです」（2・3－12）。

世の終わりについてのこのような説明は、パウロの手紙としては珍しいことです。もともとパウロは、第一の手紙に書いたように信じています（一テサロニケ4・15－18）。それだけに、第二の手紙のように詳しい説明をするパウロは、誰か別人のようにしか思えないのです。

第一の手紙でのパウロは、世の終わりが「盗人が夜やって来るように」「妊婦に産みの苦しみがやって来る」ように「突然、破滅が襲う」（同5・1－3参照）と言い、しかもこのことは、「あなたがた自身よく知っているから」（同5・2）だと言っています。ところが、第二の手紙では前述の通りまるっきり反対で、しかもそれはパウロが滞在していたときに繰り返し語ったと言うのです（2・5）。第一のほうでは「突然、何の前触れもなしにやってくるのだから、油断しないように」と言い、第二では「その日は突然、誰も知らないときに来るのではなくて、まず、いろいろ決まったことが起こって、そのあとで世の終わりになるのだから、慌てることはない」、この二つのまるで反対のことについては、何とも説明のしようがありません。

二つの手紙の似ているところ

二つの手紙を見ると、初めの挨拶がほとんど同じものであることは前述しましたが、これ以外でも同じようなところが目立ちます。そのような個所を二つ挙げてみましょう。

(1) 第二の手紙1・3－12／第一の手紙1・2－10、2・14－16、3・12－13
(2) 第二の手紙2・13－14／第一の手紙1・2－4、2・12－13、4・7、5・9

このように、第一の手紙のところどころ拾い集めたものを合わせて、第二の手紙の骨格が作られています。しかも、ただ似ているのではなく、ことば遣いから話の流れまで同じです。

どうしてこうなったのか、二つの可能性が考えられます。まず、パウロが自分で第一の手紙を書いて、その後すぐに再び自分で第二の手紙を書いた。しかし、二つの手紙でパウロの考えている「世の終わり」がまるで正反対になっているという点から見て、これはおかしいのです。人の考えが、きょうから明日にかけて一八〇度急転回することなどあり得るでしょうか。

それでは、第一の手紙から第二の手紙を書くまでの時間を少し広く空けてみましょう。しかしそうすると、パウロがいくら自分で書いたといっても、第一の手紙をことば通りに覚えていて、それを丹念にまとめながら第二の手紙を書くということができなくなります。以前に書いた手紙を、少したってからことば通り覚えている人などいるでしょうか。こちらの可能性は、誰かパウロではない別の人が、第一の手紙を見ながら第二の手紙をパウロに似せて書いたという考え方です。

第一の手紙は、パウロの手紙として残っているもののうちで最初のものです。そこには、パウロの生き生きとした気持ちがいっぱいに感じられます。しかし、第二の手紙はどうでしょう。なんとなく謎めいています。世の終わりのことはどうなのでしょう。もう来るのか、まだ来ないのか。それとも、もうすでに来たと言われて皆が騒ぎ出したのか。それでパウロの手紙を訂正するために、誰かが第二の手紙を作ったのでしょうか。

しかし、この手紙がパウロによって書かれたものでないとするならば、今度は誰のために、いつ、誰によって書かれたのかを、何らかの方法で決定しなければならないことになります。この手紙が書かれた時期に関しては、もしパウロの時代に、パウロ以外の人がパウロの名前を使って書いたとしたら、彼はそのことを耳にして必ず否定したはずです。また、3章6節から15節に記されている「怠惰な生活をしている人たち」の問題が、急を要する点からみて、ある学者たちが提唱したように一世紀の終わりに書かれたとするのは困難でしょう。なぜなら、第一の手紙ですでに示されている状態が半世紀もの間続くことはあり得ないからです。

もし第一の手紙が知られていなかったら、第二の手紙の著者問題に関しては、何の疑問も起こらなかったに違いありません。いずれにしても、もう今からでは、確かめようがありません。

しかしながら、この二つの手紙のなかに見られる教えは非常に貴重なものです。まず、キリストの生き方の特徴として信仰と希望と愛が挙げられています（一テサロニケ1・3）。次に、このような信仰生活を送ることができるように私たちを聖化するために、神は私たちに聖霊を与えられたこと（一テサロニケ4・8、二テサロニケ2・13）。そしてさらに、祈りと感謝の価値と必要性を、くどいくらいに説いていることがわかるでしょう（一テサロニケ1・2、2・13、3・11－13、5・23、5・25、5・28、二テサロニケ1・3、2・13、2・16－17、3・5、3・16、3・18他）。

第9講　コリントの信徒への手紙

西暦四九年から五〇年にかけて、パウロとバルナバは大切な問題を持ってエルサレムに行き、ペトロをはじめ、使徒たちや教会の長老たちと話し合いをします（使徒言行録15章）。その後パウロはバルナバと別れて、二度目の宣教の旅に出かけます。その途中、五〇年ごろから一年半あまり、パウロはコリントにとどまり、キリストへの信仰を説いて回ります。その結果、コリントの教会が誕生したのです。パウロは五二年の春にアンティオキアへ帰ります。しかし、その後、パウロが伝えたこととは別のことを教える人たちがコリントへ来たため、教会に騒ぎが起こります。いろいろな手紙や知らせがパウロに寄せられたためパウロも黙っていられなくなり、たくさんの手紙を書きます。

現代の研究では、パウロはコリントの教会あてに少なくとも四通の手紙を書いたとされ、それらがコリントへの第一の手紙と第二の手紙にまとめられたと考えられています。第一の手紙はそのまま読めば比較的わかりやすいのですが、第二の手紙はつながりが悪く、わかりにくい個所があります。これはいくつかの手紙をまとめたためと考える研究者もいます。

第一の手紙

紀元前一四六年、コリントはローマの軍隊に滅ぼされて荒れ野になっていましたが、紀元前四四年にユリウス・カエサルが再建し、それから大きく栄えました。市の東側にケンクレア、西側にレカイオンという二つの港を持つ港湾都市で、地中海の貿易や交通において東西を結ぶ一大中心地となりました。その人口の三分の二が奴隷であり、多くの貧しい労働者と一握りの大金持ちが住む町には旅行者や船員が行き交い、さまざまな文化や宗教が入り混じっていたようです。それだけにコリントの人々は開放的で、パウロが来れば彼の話も聞き、たくさんの人がキリスト教の信仰を受け入れました。そして一年あまりで互いにいくつかの派に分かれて争うほど多くの信徒が生まれました。

このように非常に開けた、にぎやかな都市に誕生したコリントの教会は、初めはそれなりにうまくいきました。しかし、パウロがいなくなるとよそからの人がやってきて、パウロが教えたものとは別のキリスト教を持ちこみ、コリントの教会の人々を大きく迷わせます。人々はいくつかの派に分かれて互いに争い、迷います。それでパウロにさまざまな質問を送り、彼は一つひとつていねいに答えていきます（7・1〜15・58）。

(1) 結婚と独身について（7・1－40）
(2) 偶像礼拝への参加について（8・1－13、10・14〜11・1）
(3) パウロへの疑いについて（9・1－27）
(4) キリスト者の集会において守るべき秩序について（11・2－34）
(5) 霊の賜物について（12・1〜14・40）
(6) 復活についての正しい教え（15・1－58）

これらを見れば、コリントの人たちがパウロに何を尋ねたかがよくわかります。パウロは、いろいろな問い合わせや知らせを併せ見て、コリントの教会での騒ぎについて一応のことがわかったようです。

ただ、この第一の手紙を書く段階で、パウロは事態をそれほど深刻には考えていません。パウロは、コリントでの騒ぎは派閥争いにあると見て、パウロ派、アポロ派、ケファ（ペトロ）派、キリスト派という四つの名前を挙げています（1・11－12）。このなかでいちばん怪しいのは「キリスト派」で、このグループは教師を単なる人間にすぎないとして拒み、しかも自分たちはキリストから直接啓示を受けたと称する神秘家だと言われています。しかしパウロは、その段階では事情がよくわからず、ただの派閥争いくらいにしか思っていなかったので、四つを同じように並べているのです。

第二の手紙

第一の手紙については、まだ説明の足りないところが多いのですが、事件の流れを見渡すほうがわかりやすくなるので、第二の手紙の説明に移りましょう。

この第二の手紙はもともと一通ではなく、パウロのコリントあてのいくつかの手紙を集めて一つにまとめたものとされています。わかりにくい個所もありますが、少し注意して前後の続き具合を見ていけば理解できます。

例えば、この手紙は9章と10章の間に断絶があります。また8章と9章は、同じように献金の手紙ですが、それぞれ別のものであってどうしてもつながりません。さらに2章13節は14節へはつながりません。ずっと飛んで7章5節へつながるのです。その間の個所は（2・14～7・4）、パウロがひと続きに書いたところを切って、誰か別の人がその間にパウロの別の手紙をはめこんだとしか考えられません。

こうして、この手紙を注意深く読んでみると、それぞれ違うときに書かれたパウロの数通の手紙をつなぎ合わせて一つにしてあることがわかります。そのうち主なものは次の三つです。

(1) 弁明の手紙（2・14〜6・13、7・2－4）

(2) 涙の手紙、激しいやりとり（10・1〜13・10）

(3) 和解の手紙（1・3〜2・13、7・5－16）

あとは、エルサレムの教会のために献金を頼む手紙（8、9章）、最後に、旧約聖書からのいろいろな個所をつなぎ合わせた、引用をもとにした戒めがあります（6・14〜7・1）。

コリントの教会への第一の手紙を出した後、パウロはエルサレムの教会への献金を集めるためにテトスをコリントへ送ります。テトスが帰還した後、コリントの教会の報告を聞いたパウロは、ようやく騒ぎの実体がわかりかけてきます。つまり、騒ぎは単なる誤解や説明不足から起きたのではなく、むしろ「キリスト派」によるもので、さらに、パウロに対するひどい個人攻撃もなされているなどということです。

パウロはこれを聞いて、第一の手紙では足りないと理解しますが、やはりまだ状況判断が甘かったのでしょう。また手紙を書けば何とかなると思い、「弁明の手紙」を送ります。しかし、それで騒ぎは収まるはずがありません。

結局パウロは再びコリントへ出向きますが、長く滞在することはできず、すぐに町を出ます。しかし、自分が誰を本当に相手にすべきなのかがはっきりとわかり、彼は町を出てからすぐに

「涙の手紙」を書いて送ります。この手紙でパウロは、もう何かを教えたり、説明したりするのではなく、コリントの教会を迷わせているキリスト派の人々への反論を書いています。

この「涙の手紙」によれば、パウロはテトスに頼んで、もう一度コリントへ行ってもらいます（12・18）。そして、自分も近いうちに再びコリントへ行くから、それまでによく反省しておくようにと告げます（13・1－5）。

その後、パウロは、トロアスからマケドニアへ行き、そこで、コリントから帰ってきたテトスに会います。テトスは、コリントでの騒ぎが収まり、事情が良くなったことを告げます。それでパウロは大変喜び、さっそく「和解の手紙」を書きます。これとともに、パウロはもう一通、エルサレムの教会のための献金の手紙を書き（8章）、さらにマケドニアに着いてから、もう一通、献金の手紙を書きます（9章）。これがパウロのコリントへ書いた最後の手紙でした。間もなくパウロ自身がコリントへ行き、今度は皆と再会を喜び合うのでした。

二つの手紙のハイライト

ここまで、コリントの信徒への第一と第二の手紙のあらましを説明しましたが、これだけでは、あまりにも物足りません。これらの手紙に親しみを持っていただけるよう、これからいくつかの部分を取り出して紹介してみたいと思います。

コリントの教会を惑わした人たち

前に述べたように、第一の手紙の段階でパウロはまだコリントの騒ぎを甘く見ていました。手紙を書けば、何とかなるだろうくらいに思っていたのです。しかし、そのときすでに、何となく騒ぎの核心を感じ取っていたようなところがあります。

さて、第二の手紙のなかの「涙の手紙」を書く前に、パウロは自らコリントへ出向き、そこで相手の恐ろしさを見せつけられたのです。そのときは誤解と反感、いやがらせのために、コリントに長くいることができませんでした。すぐに町を出て、「悩みと愁《うれ》いに満ちた心で、涙ながらに」（二コリント2・4）手紙を書いたのです。それが「涙の手紙」と呼ばれる第二の手紙10章から13章までの部分です。

ここでパウロは、自分が伝えたこととは異なる内容を告げた人々を「あの大使徒たち」（11・5）と皮肉りながら詳しい反論を書きます。この反論のおかげで、パウロがどういう人々を相手にしなければならなかったかがわかります。すなわち、以下のような「キリスト派」の人たちです。

(1) パウロは偽の使徒で自分たちこそ本当の使徒、本物のキリスト教を伝えていると自己推薦している人たち。しかも、自分たちの間で互いの品定めをし、比べ合い、認め合っている人たち（10・7、10・12、11・12－15、11・23）。

(2)　ヘブライ人であり、アブラハムの子孫であると誇っている人たち（11・22）。

(3)　自分を通してキリストが語っておられると言っている人たち（13・3）。

(4)　神の特別の啓示や神秘的体験にあずかっていると言って回っている人たち（12・1－6）。

(5)　教会の皆に献金をさせて、負担をかけている人たち（12・13－16）。

(6)　何かあれば、すぐに皆から金品を集めて、皆が自分たちの世話をするのが当たり前のように思っている人たち（11・9、11・20）。

(7)　パウロのエルサレムへの献金を「悪賢くて、皆からお金をだまし取った」と言いたてる人たち（12・16－17）。

(8)　「手紙は重々しく力強いが、実際に会ってみると弱々しい人で、話もつまらない」と、皆の前でパウロをけなす人たち（10・1－2、10・10）。

(9)　いつも自分たちだけを高めて、皆を見下す横柄な人たち（11・7）。

パウロしか知らないコリントの教会の人々にとって、このような人たちがどれほどの迷いとなったか、パウロにはそれが嫌というほどよくわかりました。この人たちは、たぶんエルサレムあたりの教会から推薦状をもらって来ていたのでしょう。そして、「パウロは偽者だ」とさんざん言い立ててこき下ろし、自分たちは横柄な態度で、さもいわくありげに偉そうに振る舞ったので、パウロを見なれていた人たちがうろたえたのも無理はありません。

回心後のパウロの生き方

パウロはこの事態を見て、コリントの人々に数通の手紙を書きました。それを見ると、騒ぎを起こした人たちとはまったく違うパウロの姿がくっきりと浮かび上がってきます。パウロは、コリントでの騒ぎが起こるまでは自分を偉く見せたり、知識や身分、特別の恵み、神秘体験にあずかったことなど、自分をひけらかすとか売りこむことをまったくしませんでした。それでコリントの人たちはパウロを過小評価していたのでしょう。そのために、もったいぶった「大使徒たち」が乗りこんできたとき、皆は迷ったのです。

それまでパウロは、福音を宣《の》べ伝えるために耐え忍んできた苦労や痛みを誰にも話していません。このあたりから、本当は言いたくないことをごくためらいがちに、しかし実際には大変な労苦を並べています。それまでコリントの人たちは、まさかパウロがそれほどの労苦を耐えてきたとは、夢にも思っていませんでした。なぜなら、パウロが自分のことについて、何も言わなかったからです。

では、なぜ何も言わなかったのか。それはパウロが、自分が何か特別なことをしたとは思ってもいなかったからです。パウロは、先の11章以外でも自分の苦しみについて書いていますが、それはすべてできるだけさりげなく、まるで他人事のような文章です（4・8－18、6・3－10）。

さらにパウロは、この世で楽をしたり、無事に生き延びたりしようとは思ってもいません。「一人の方（キリスト）がすべての人のために死んでくださった以上、すべての人も死んだことになります……生きている人たちが、もはや自分のために生きるのではなく、自分たちのために死んで復活してくださった方のために生きることなのです」（5・14－15）。このことばが、パウロの回心以後の生き方すべてを表しています。これを見ても、パウロはずいぶん心の温かな人だと思います。「人が自分のために死んでくれたので、自分が生きているのはその人にすまない、もう自分のためではなく、その死んでくれた人のためにだけ生きよう」。これは誰もがそう簡単に持てる気持ちではありません。

パウロという人を表す、もう一つの有名な個所があります。「いったいあなたの持っているものので、いただかなかったものがあるのでしょうか。もしいただいたのなら、なぜいただかなかったような顔をして高ぶるのですか」（一コリント4・7）。確かに、私たちの持っているものはもらったものばかりです。いのち、姿かたち、才能、心の力、知識など、すべてそうです。しかし、ほとんどの人はそれを誇りにして、いい格好をするのではないでしょうか。しかし、「自分は何の努力もしていないのに、人よりも良いものをたくさんもらうのはすまない」と思うのがパウロです。でも考えてみれば、そのすまない気持ちのほうが、本当なのではないでしょうか。

一つの体と多くの部分

コリントの教会の騒ぎの一面は、信徒それぞれが偉いとか偉くないとか思い始めたところにあります。パウロはそれに対して、人間には偉い・偉くない、上等・下等などという違いはないと言い、皆それぞれを一つの生きた体の部分にたとえます（一コリント12・12－13）。

これもパウロの温かさを感じさせるところで、彼が人をどのように見ていたかがよく表れています。つまり、人間は頭も足も同じように必要だし、目も耳もなくてはならない。頭は考えるから貴く、足は歩くだけだから下等だとか、目が「自分は耳よりも偉い」と、耳を見下してみても始まらないということです。皆が頭では困るし、同じように皆が目でも困る。互いに助け合ってこそ、一つの体として生きていけるのだから、「各部分が互いに配慮し合っています。一つの部分が苦しめば、すべての部分が共に苦しみ、一つの部分が尊ばれれば、すべての部分が共に喜ぶのです」（同12・25－26）。

なるほど、言われてみればその通りです。でも、なかなかその通りにできるものではありません。ときには、人をけなしてでも自分は偉く思われたいし、他人がどれだけ損をしても自分だけは得をしたいと思うこともあるというのが、現実ではないでしょうか。

愛の賛歌

第一の手紙の13章は、愛を褒め称える歌として有名な個所です、しかし、それが有名であるだけに、たいていの人がその出だしを少し思い出す程度で、あとは「愛はほかの何よりもすばらしい」くらいでとどまってしまいます。しかし、それだけではあまりにも残念です。次のことに注意しながら、パウロの言わんとするところをしっかりと受け止めましょう。

この愛の賛歌は、12章の終わりの27－31節に続くものです。そこでパウロは、預言する、奇跡を行う、病気をいやす、異言を語るなど、人々の欲しがる神からの不思議な恵みの力を持ち出します。誰でもこういう不思議なものに引かれます。パウロもそれを否定しませんが、それよりも「最高の道を教えます」（12・31）と言って持ち出すのが13章の愛の賛歌です。

ここで持ち出される愛とは、決してうっとりとロマンチックな気持ちに浸ることではありません。それとは正反対の非常に厳しいものです。その美しいことばとは裏腹に、ほとんど人間業とは思えないようなことが並べてあります。愛は忍耐強く、情け深い、ねたまず、自慢せず、高ぶらない。こう並べれば、なるほどと思います。でも、ねたまない愛などがあるでしょうか。相手は自分だけのもの、自分だけが相手のもの、これがこの世の愛の常のようです。愛は恨みを抱かないと言うけれども、けんかなどで相手に恨みつらみをぶつけてしまうことは、皆さんも経験があるのではないでしょうか。これは何も大人に限ったことではありません。小さな子どものけんかでも同じです。

愛は忍耐強く、情け深いと言っても、これがどれほど難しいことかパウロは知らないのでしょうか。いいえ、彼は、これらのすべてを十分に知っているのです。だからこそ、ねたまない、恨みを抱かないのが真の愛であると言いたいのです。しかも、こういう愛がなければ、人は「無に等しい、どれだけ良いことをしても何の益もない」（13・2－3参照）と言うのです。

この「愛の賛歌」全体の底には、愛についてのパウロの大きな理想のようなものが響いており、それは次の二つのことに基づいています。一つは、私たちがまだ罪人《つみびと》であったときに、神の子キリストは私たちのために死んでくださったこと（ローマ5・6－8参照）。もう一つは、「友のために自分の命を捨てること、これ以上に大きな愛はない」（ヨハネ15・13）。第一の神の愛によって、第二の「友のためにいのちを捨てる愛」が呼び起こされるような響きです。

愛の賛歌で示された愛は、人がこの世で、自分の力だけで実践することはできないかもしれません。しかし、神の御子が先に私たちのために死んでくださったという事実によって、初めてこの世に呼び起こされる愛なのではないでしょうか。

「イエスは、わたしたちのために、命を捨ててくださいました。そのことによって、わたしたちは愛を知りました。だから、わたしたちも兄弟のために命を捨てるべきです」（一ヨハネ3・16）。

弱さが誇り

すでに第一の手紙を書くときに、パウロはコリントの人々の変わりようを感じ取っていました。パウロは遠く離れていて、このコリントの人々の気持ちの変わりようをよほど異様に感じたのでしょう。そこで、自分たちが人より偉いかどうかなどは問題ではないという意味のことをたびたび書きます。

「神はわざと、この世で無力で見下げられている人を選び出された」（一コリント1・18－31参照）。

「この世の知恵は神の前では愚かだから、神の前では愚かなものになりなさい」（同3・18－31参照）。

「全部いただいたものばかりなのに、どうして自分のもののように高ぶるのか」（同4・7参照）。

「私たちはキリストのために、弱くて愚かなものです」（同4・10－13参照）。

一度コリントへ行って、自分の目で事態を確かめたパウロは、第二の手紙で、この点をもっと鋭く突きます。それが10章12節から12章13節です。

「誇る必要があるなら、わたしの弱さにかかわる事柄を誇りましょう」（二コリント11・30）。

「キリストの力がわたしの内に宿るように、むしろ大いに喜んで自分の弱さを誇りましょう」（同12・9）。

「わたしは弱いときにこそ強いからです」(同12・10)。

ここでパウロは、自分は「偽使徒」たち以上にキリストに仕えてきたと、自分が耐え通してきた労苦を全部ぶちまけます(同11・16－33)。この23－33節は、特に胸を打ちます。これがキリストのために働く使徒というものなのでしょう。

第10講　フィリピの信徒への手紙・フィレモンへの手紙

フィリピの信徒への手紙

パウロによるフィリピの教会の人々にあてたこの手紙（フィリピ書）は、彼がエフェソあたりで、ローマの総督の牢《ろう》に捕らえられているときに書かれたものと考えられています。しかし、この手紙には牢にいる暗さが感じられず、明るくて希望に満ちており、また全体は一つの手紙だとは思えないようなところがあります。

複数の手紙

全体をいくつかに区切って少しずつ読んでいるとあまり抵抗なく、なんとなく読めてしまうが、全体を読みとろうとすると、わからないところが出てくる――フィリピ書にはこういう性格があります。

この手紙には継ぎ目があると言われています。3章1節の前半が、そっくりそのまま4章4節につながるところです。もともと続いていたところを割って、3章1節後半から4章3節までの別のものをはめこんだのでしょう。3章初めの「主において喜びなさい」は、どうみても、4章4節「主において常に喜びなさい」にしか続きません。しかも、その間にある長い部分は、この「喜びなさい」というところと、あまり関係がないのです。

この手紙には、フィリピの教会からパウロのところへ使いに来た、エパフロディトという人の病気のことが出てきます。それがどういう病気であったのかはまったくわかりません。しかし、そこにひと続きになった病気の成り行きが出てくるのです。

まず、元気なエパフロディトが、フィリピの教会からパウロのもとへ「贈り物」（4・18）を持ってきます。4章10－20節は、その好意に対するパウロの感謝の手紙の一部分です。その後、エパフロディトはパウロの手伝いをしながら、「ひん死の重病」にかかります（2・27）。そして、それが手紙のやり取りによってフィリピの教会の人々に伝わったことで、エパフロディトは心苦しく思っていたようです（2・26）。その後、パウロが2章25－30節を書いている時点では、エパフロディトの病気は良くなっているようです。「ひん死の重病」が二、三日で良くなるはずはありませんから、相当の時間がたっているはずです。

それにしてもパウロほどの人が、「彼のような人々を敬いなさい」（2・29）と言うのですから。このエパフロディトはよほどの人であったに違いありません。その病気も、「キリストの業《わざ》に命を懸け、死ぬほどの目に遭ってパウロに仕えた」（2・30参照）からのようです。

このように見てくると、フィリピ書の各部分の間には、相当の時間の隔たりが感じられます。元気な人が死ぬほどの病気にかかり、フィリピとの間に手紙のやり取りがなされているうちにその病気が良くなる。それほどの時間の間隔が4章10－20節と2章の間にあるのです。しかも、4章が先で、2章が後であることがわかります。

この場合の、距離の隔たりも考えてみてください。この手紙を書いたとき、パウロはどこにいたのでしょう。とても隣の町にいたとは思えません。具体的には、ローマ帝国の総督官邸のあるところで、パウロは信仰のために捕らえられて、牢につながれています（1・12－14）。つまり、これは牢のなかで書いた手紙です。そういう場所としてはローマやカイサリアがありますが、今日一般に考えられているのは、もっとフィリピに近いエフェソです。ローマやカイサリアからでは、手紙をたびたびやり取りするには少し遠すぎるからです。

仮にエフェソだとして、そこからフィリピまで、いくら少なく見積もっても四〇〇－五〇〇キロメートルはあります。大雑把に言えば、東京と大阪の間（約四〇〇キロメートル）くらいでしょうか。パウロの時代は、人が走るか馬を走らせるか、それとも船に乗るかです。いずれにせよ、

4章10－20節を書いてから2章を書くまでの間に手紙が数回行き来しているようなので、二つの章の時間的な隔たりは大きいことがわかります。

以上のような事情を見ていくと、この手紙はずっとわかりやすくなります。しかし、このように部分に分けて、時間や場所の前後のつながりを考えながら読む方法に反対する人もたくさんいます。ただ、私たちは今、聖書学の難しい論争をしようと思っているのではありません。ごく普通に聖書を読んで、神の声を聞き、神の教えに触れたい、ただそれだけです。したがって、例えば今のフィリピ書が、どうすればいちばんすっきりとごく自然に、誰にでも納得のいくようにわかってくるかが大切だと思うのです。

手紙の内容

贈り物に対する感謝（4・10－20）　この部分は、一つにまとまっています。パウロの導きによって信仰の恵みを授かったフィリピの教会の人たちは、感謝の気持ちを表したいと思い、パウロに贈り物を送りました（4・16－18）。パウロはこれを受け取り、とても喜んでこのお礼の手紙を書いたのです。ここで面白いのは、パウロがいつも自分で心がけている気持ちを思わず漏らすところです。

「わたしは、自分の置かれた境遇に満足することを習い覚えたのです。貧しく暮らすすべも、豊かに暮らすすべも知っています。満腹していても、空腹であっても、物が有り余っていても不足していても、いついかなる場合にも対処する秘訣を授かっています」（4・11－12）。

その秘訣というのは、キリストに結ばれていることです（4・13）。パウロはここで自慢しているのではなく、自分のことを心配して、物を贈ってくれる人たちに対して感謝すると同時に、自分は何とかやっていけるのだから、あまり心配しないでほしいと頼んでいるのです。

パウロは自分の生活費を、自分で働いて稼いでいます。食べるために、教会や宣教の仕事とはまた別に、「夜も昼も苦労して働き続け」ました（一テサロニケ2・9、二テサロニケ3・8）。それは、教会の人々の世話にならないというパウロの心遣いです。またそこには、主キリストのように、自分も皆のために働きこそすれ、決して教会の人々から自らの利益は求めないという、キリストへの深い帰依が見られます。しかしそれにしても、生活費のために昼夜を問わず苦労して働くことは、パウロにとって相当の重荷であったに違いありません。パウロこそまわりの人以上に、せっせと働かなければならないという、身も心も擦り減らされるような生活を送っていたわけです。

パウロが毎日、その心のなかで感じ、心のなかで闘っていたものは激しく、険しいものでした。決して悟りを開いた偉大な人物として、〝俗人たち〟を高みから見下ろしながら生きていたのではありません。

相互の愛と謙遜（2・1－11）

2章の初めでパウロは、へりくだって他人にも注意を払うようしきりに勧め（2・1－5）、主キリストの受肉、受難と死、復活を引き合いに出します（2・6－11）。

この6－11節の部分は、当時の教会における典礼の賛歌からの引用だと思われます。簡素なタッチで神の子キリストの「十字架の死に至るまでの従順」をくっきりと浮かび上がらせているこういう賛歌を、皆で声を合わせて力強く唱えたのでしょう。こういう賛歌が、パウロの心のなかで高らかに響いていたのかもしれません。この手紙も、パウロが声に出して言うことを書記が書き留めたものです。頭で文章を考えて、それを声にして口から出す。そのとっさの間にこの賛歌を思い浮かべてすらすらと引用したとするなら、この賛歌はそれほどにもパウロの心のなかで大きな力となっていたのでしょう。

パウロは、幻のなかで神の子イエスを見た人です。このときを境として、パウロの生活は大きく変わりました。まさに一八〇度の転換です。そのときに現れて、パウロの心に焼きついた神の子キリストの姿がそっくりそのまま、この賛歌に出ているのではないでしょうか。だからこそ、パウロはこれを引用するのです。神の子キリストのことを、ぜひわかってほしいというこの気持ちは、2章の初めにはっきりと読み取れます。

「互いにこのこと（他人のことに注意を払うこと）を心がけなさい。それはキリスト・イエスにもみられるものです」（2・5）。この一つの文章に、人に対して思いやりを持つこと、互いに心を一つにして決して争ったりしない、むしろ相手を自分よりも優れた人だと認めるなどのこと

（2・1−4）こそキリスト・イエスが抱いていた思いであり、これがどれほど大切であるかが言い表されています。したがって、ここにはキリスト教の生活の土台になる大切な教えがあります。「何事も利己心や虚栄心からするのではなく、へりくだって、互いに相手を自分よりも優れた者と考え、めいめい自分のことだけでなく、他人のことにも注意を払いなさい」（2・3−4）。これこそキリストを信じる人たちの信仰生活の土台、基礎のようなものだと言い、その根拠として、あの賛歌を持ち出します。キリストもそうだった。「キリストは、神の身分でありながら、かえって自分を無にして、僕《しもべ》の身分になり、十字架の死に至るまで従順でした」（2・6−8参照）。

これがパウロの見た神の子キリストの姿です。ご自分が神であることにこだわらないで、初めから終わりまで人間として、人のために生き抜かれたお方。皆のために十字架にかけられて、みじめな死に至るまでご自分を捨てて、ひたすらに人のために生きて、人のために死んだ神の姿です。神こそ皆から拝まれて、ご自分の栄光の極みに生きるお方かと思ったのに、まったく反対だった。人は自分のことを考えて生きているのに、神はご自分のことなどまったく放り出して、ただ人のために生き、人のためにいのちまでもささげてくださった。この驚きがパウロの一生であると言えるでしょう。だからこそ、キリストに結ばれているのなら、互いに相手を自分よりも大切なものと思って、まず他人のことに目を向けないわけにはいかないのです。

しかし、これは、「キリストもそうだった、だから私たちもそうしなければ」というだけではありません。パウロはさらに、「あなたがたには、キリストを信じることだけでなく、キリストのための苦しむことも、恵みとして与えられているのです」（1・29）と、苦しみもまた神の恵みだと言います。まわりの人たちが苦しいだろう、つらかろうと思って見ているとしても、パウロはその苦しみを神の恵みとして受け取り、喜んでいる。これは意外なことです。苦しくても我慢していたのではないというのがパウロの生き方でした。

キリストを知るすばらしさ（3・5－8）　この手紙には、もう一つの山があります。人がキリストと結ばれて救われるということは、いったいどういうことであるかを再び説明する個所です。

人が本当に救われるのは、その人が「悪いことをしないという自分が正しいからではない。キリストへの信仰のゆえに、神によって正しいとされることによる」（3・9参照）と言うのです。もちろん、悪い人が、神に受け入れられるはずはなく、悪いことをしてよいはずはありません。しかし、自分は悪いことをしていないというだけで、人は救われるでしょうか。

これはパウロがいつも持ち出す、人の救いについての説明なので、これがいちばん大切なところなのでしょう。また、パウロの信仰の根本であったに違いありません。だから、いつも大切なときにこれを持ち出すのです。もう一度パウロの言うところを聞いてみましょう。

人はたいていの場合、自分は大丈夫という自尊心のようなもので生きていて、それが崩れると人は焦り始めます。自分はまともな人間であるという確信、そうでなくても「まだましなほう」

だと思う気持ちに何となくよりすがっているところがあります。パウロも初めはそのように生きていました。彼は、自分の過去の気持ちを正直に述べています。「皆のように誇ろうと思えば、私もひけをとりません。家柄、血筋においても、経歴、熱心さの点でも、非の打ちどころがなかった」（3・4－6参照）。しかし、キリストを知ってからは、それらが「損失」だとしか思えない、単なる塵《ちり》あくたと見なしているとまで言います（3・8）。そんなものは、何の役にも立たないと言うのです。誰でもこの世における有利さ、立派さ、偉さにあこがれ、そこに自分の心と気持ちを満たそうと焦っています。パウロも一度は「身を立て、名を上げよ」と必死で、その道をまっしぐらに進んだのです（3・4－6）。これは短い文章ですが、パウロの気持ちがよく出ています。

それまでの生き方とは一八〇度転換したパウロの回心、それ以後の彼の変化を理解するためには回心以前のひたむきな努力、そのための一途な気持ちを深く感じ取ってみなければなりません。たとえ間違っていたにしても、それまでのひたむきな努力の歩みがなければ、その一生を徹底的に、根こそぎ変えてしまうような転機も与えられなかったでしょう。また、それが与えられたとしても、それまでの生活が怠惰なものであれば、とてもそこから抜け出せなかったに違いありません。

これは何も、悪ければ悪いほどよいということではありません。しかし、この「ひたむきな生き方」というのは心に留めておいていいのではないでしょうか。何かをするにしても中途半端に終わってしまうことはよくあることです。一度でも怠惰な生活にはまりこむと、そう簡単に抜け出せるものではありません。しかし、せめてそこから抜け出そうと「ひたむき」になれないものでしょうか。ここでパウロも、「なすべきことはただ一つ、後ろのものを忘れ、前のものに全身を向けつつ、目標を目指してひたすら走ろう」（3・13－15参照）とそれを勧めています。これは、人は食べたり飲んだりして、また少しばかり偉いという自尊心だけで生きられるものではないとはっきりわかった人の、また神の子キリストにおいてこそ、神のいのちにあずかるという喜びを心に熱く感じ抜いた人のことばなのです。

フィレモンへの手紙

フィレモンとオネシモ

これはフィレモンという人にあてて書いた手紙で、今まで残っているパウロの手紙のなかでいちばん短いものです。

フィレモンのところからオネシモという奴隷が逃げ出し、しかも主人に何らかの損害を与えたか、何かを盗んだかしたうえで逃亡したものと思われます。そして、恐らく当時、逃亡者や無法者の巣窟であったローマに逃げ、そこで軟禁されていたパウロに出会い、パウロの導きで信仰の道へ入ったのでしょう。パウロはオネシモをその主人のところへ帰らせるにあたって、「どうかオネシモを赦してやってほしい。私からもお願いします」という内容の手紙を書きます。

当時、奴隷が主人のもとから逃げ出すというのは重い罪でした。逃亡奴隷を捕まえるために特別な捜索部隊があったくらいです。仮にうまく逃げ切ったとしても、まともに生きるすべはありません。警察の手のとどかない神殿に駆けこむか、それとも大都会の下町に入りこんで、それっきりになるのが普通でした。しかし、オネシモの場合、パウロに出会ったおかげで信仰の道に導かれ、洗礼を授かったのです。

「監禁中にもうけたわたしの子オネシモのことで、頼みがあるのです」(10節)と言うパウロは、フィレモンがオネシモを喜んで自由の身にするよう説得するために三つの理由を挙げています。その一つは、オネシモがキリスト者になったこと。次に、パウロ自身がオネシモを回心させたこと。さらにパウロが捕らわれのときに回心させたことの三つです。パウロはここで、非常にデリケートな心配りを見せています。それは、突然にオネシモの名前を出せば、フィレモンはオネシモに関わる嫌な事件を思い出すであろうと考えて、いきなりその名前を出さずに、まずオネシモを自分の「子」と呼んでからその名前を書いています。

「恐らく彼がしばらくあなたのもとから引き離されていたのは、あなたが彼をいつまでも自分のもとに置くためであったかもしれません」(15節)。ここでパウロはフィレモンに、すべては神の摂理だと言っています。オネシモが主人であるフィレモンのところから逃げたことは、神の摂理によるものであったに違いない。オネシモが主人のもとから離れることを神が許したのは、オネシモの霊的な生まれ変わりのためであったとパウロは言うのです。さらにオネシモが洗礼を受けたことによって、フィレモンと「いつまでも」、つまり死によっても切ることのできない間柄になったのだと説明しています。

この手紙は、パウロがよく知っているフィレモンにあてて書いたものだけに、パウロの人となりがよく表れていて味わい深いものです。ここには大勢の人を前にして、声を上げて何かを言うのとは違った一対一の親しさがあります。おだやかに、控え目にオネシモのことを頼むという、懐かしさがこもっています。あとから私も行けると思うので、「宿泊の用意を頼みます」(22節)と言っていますが、これは親しみと同時にパウロ自身の目でオネシモに関する事の成り行きを確かめる機会があることを暗示して、自分の願いに重みを加えているのです。「あなたがたの祈りによって、そちらに行かせていただけるように希望しているからです」(22節)と、パウロは自分の釈放が近いことを暗示しており、ここからもこの手紙が牢のなかで書かれたことがわかります。

この手紙には地名が出てこないので、フィレモンがどこのどういう人かまったくわかりません。いろいろな説がありますが、決め手はありません。オネシモという名前にしても「役に立つ人」という意味で、当時はごくありふれた名前でした。これだけでは何も決めようがありません。例えば、『コロサイの信徒への手紙』（4・9）にオネシモという名の人が出てきますが、これをフィレモンの奴隷オネシモと同一人物だと言い切ることはできません。

パウロと奴隷制度

この手紙から、パウロの奴隷制度に対する意見を引き出すことはできません。なるほど、逃げ出したオネシモに、元の主人フィレモンのもとへ帰るように言い含めますが、だからといってパウロが奴隷制度に賛成していたとは言えないでしょう。

パウロのオネシモに対する気持ちは、「わたしの心であるオネシモ」（12節）、「わたしを仲間と見なしてくれるのでしたら、オネシモをわたしと思って迎え入れてください」（17節）と大変こまやかです。パウロの話しぶりからみて、フィレモンがそうひどい主人であったとは思えませんが、パウロのオネシモに対する深い親愛の情にはとても驚かされます。当時は蔑まれていた奴隷を、「わたしの心」とまで呼ぶことのできたパウロ、これはキリストに倣った大きな愛の現れです。

パウロは、この手紙で、奴隷制度そのものを問題にしてはいませんが、後世、この手紙は奴隷制度の根本的解決への大きな示唆となりました。

第11講　コロサイの信徒への手紙

キリストの教会の成長

　新約聖書を読んでいくと、その奥にキリストの教会初期の足取りのようなものを見ることができます。それは決して生易しい歩みではありませんでした。いや、かえって初めの教会こそ、内にも外にも多くの難しい問題を抱えていました。

　しかし、これは教会が成長しているしるしでもあります。自然の世界でも、その受けた生命の力が大きければ大きいほどその歩みは複雑で、難しい道をたどります。早い話が人間も同じことで、例えば人は大人になるまでに、少なくとも二度の反抗期を通ると言われています。言うことを聞かない、挨拶や返事をしないなどの行動は、当人やまわりの人たちにとって実に不愉快なものですが、反抗期は成長の過程で必要なものだともされています。これは個人だけでなく、人間の集団である社会や団体、また教会についても言えることではないでしょうか。

大きく伸びていく、スケールの大きい生命であればあるほど大きな問題を抱えこんでいて、それなしには伸び切れないというのはやり方がまずいからで、うまくやればスムーズにいくはずと、多くの人はそう考えます。しかし現実はそうではなく、その反対です。そのときどき、どうすればいいのかわからないような問題を解決する努力なくして、成長することはできないのです。

キリストの教会でも成長するに伴って、多くの難しい問題が起こってくることは必然でした。聖書を読んで、「なぜ、こんなに問題が多いのだろう。本当に神の教会であれば、恵みの力で全部うまくいくはず」と考える方もいるかもしれませんが、そうではないということを忘れないでください。

コロサイ書の内容

『コロサイの信徒への手紙』(コロサイ書)の書かれた背景には、キリストの教会がそれまでよりも一段と伸びていこうとする、一つの過渡期の苦しさのようなものがあります。それまでのやり方ではもう無理なので、少しためらいながらも、新しい方法を取ろうとしています。

コロサイ書の書かれた時点で、教会は次の二つのことを始めています。その一つは、もう使徒たちとそのまわりの人たちだけでは、とても世話をすることのできないほど大きくなった教会に、使徒たちの代理者を決めて、その人たちに地方の教会の指導を任せることでした。ここではエパフラスという人が、この手紙によって信任されています。

もう一つは、この手紙の時点で、教会はこの地上に生きるキリスト信徒の生活の原理を作り始めます（3・1－6）。この3章から4章にかけては、真面目に生きるごく一般的な人のための道徳の教えです。それが規則のような形で並べられています。妻は夫に対して……、夫は妻に対して……、子どもたちは親に対して……というような具合です（3・18－21）。

この二つについて、これからもう少し詳しくみていきたいと思います。

未知の人々への手紙

この手紙は、「わたしと直接顔を合わせたことのないすべての人のために」書かれています（2・1）。パウロは、以前に『ローマの信徒への手紙』をまだ会ったことのないローマの教会の人々に書きました。しかし、そこにはパウロの心とローマの教会の人々との間の結びつきのようなものが、とても強く感じられます。ぜひローマへ行って、みんなに会いたいと思っていたけれども、どうしても行けなかった。しかし、ローマの人たちに「ぜひ会いたいと、祈るたびに願っています」（ローマ1・10－14参照）などと書いています。

しかし、コロサイ書では様子が少し違います。やはり、まだ直接に会ったことのない人々への手紙ですが、「そのこと（コロサイの教会の人々のこと）を聞いたときから、わたしたちは、絶えずあなたがたのために祈り、願っています」（1・9）と、語り口はずっと控え目です。

エパフラスのこと

まだ行ったこともなく、これからも当分は行けそうもないところにいる人々の指導をしなければならない場合、実際にどのようにすればよいのでしょうか。いちばん簡単で確かなことは、信用できる人をそこへ送って、みんなの面倒をみてもらうことです。コロサイ書は、ちょうどこのような代理人の信任状の役目を果たしています。

「わたしたちと共に仕えている仲間、愛するエパフラス……は、あなたがたのためにキリストに忠実に仕える者」（1・7）と書かれたこのエパフラスという人は、コロサイの町の出身です（4・12）。彼は神の子キリストへの信仰の恵みを受けて後、自分の故郷へ帰り、そこで信仰の教えを広め、教会をつくったのでしょう（1・7）。そして、このことを詳しくパウロに報告したのです（1・8）。それにしても、エパフラスはよほど熱心な人であったようです。みんなのために必死になって活動し、熱心に祈っているエパフラスの姿をパウロは特に強調しています（4・12−13）。

このようにエパフラスをコロサイやラオディキア、ヒエラポリスの教会の人たちに推薦し、使徒たちの代理者として信任することが、コロサイ書の書かれた一つの大切な目的です。

真の信仰生活への勧め

3章1節から4章6節までは、大きく見て二つの視点が組み合わされています。

その一つは、「キリストと共に復活させられたのですから、上にあるものを求めなさい」という、信仰面からの勧めです（3・1－3）。この「上にあるものを求める」とはどういうことでしょうか。それは「地上的なもの」を避けること、具体的には「みだらな行い」や「悪い欲望」などを捨て去ることだと言います（3・5）。そして同時に、良いことへの勧めがなされます（3・12－15）。「あなたがたは神に選ばれ、聖なる者とされ、愛されている」のだから、「憐れみの心、慈愛、謙遜、柔和、寛容を身に着けなさい」（3・12）と言います。それに続いて、「何を話すにせよ、行うにせよ、すべてを主イエスの名によって行い、イエスによって、父である神に感謝しなさい」（3・17）と、再び信仰の面からの意味づけがなされます。

次に、妻は夫に仕える、夫は妻を愛する、子どもは親に従う、親は子をいらだたせないようにするなど、それぞれの置かれた立場を挙げて、どう生きるべきかを短く、簡潔に教えます（3・18～4・1）。このように教会のなかでキリスト教倫理に基づく道徳のようなものが作られるようになりました。この世におけるキリスト教の信仰生活の倫理体系や、その実際的な指針のようなものが、このコロサイ書あたりからでき始めているのです。

この世を救う教会

教会が、この世に生きる信徒の生活全体を貫く倫理や道徳の体系のようなものを考え始めたとは、いったいどういうことでしょうか。始まったばかりの若い教会は、使徒たちの努力によって少しずつ発展し、やがてこの世界に根を下ろすようになりました。この歩みのなかで、コロサイ書は『テサロニケの信徒への手紙（一）』と、『マタイによる福音書』の最終個所（28・16－20）とのちょうど真ん中に立っていると言えるでしょう。

テサロニケへの第一の手紙の時点では、この世の終わりが間近で、それはすぐにでも来るものとされていました（一テサロニケ4・17）。世の終わりは思いがけないときに、「盗人のように突然襲いかかり、誰もそれから逃げられないのだから、目を覚まし、身を慎んでいましょう」（同5・1－7参照）とあります。もちろん、ここでも信徒としての生活のために、実際的な助言が与えられています（同4・1－12）。しかしそれは、まもなく、しかも突然にやってくる世の終わりに向かって、神が喜ばれるために、また外部の人々に対して品位をもって歩めという意味です。

ところがコロサイ書の時点になると、「世の終わり」とか「主の日」に代わって、「新しい人」

（コロサイ3・10）や「神に選ばれ、聖なる者とされ、愛されている」（同3・12）、また「主を信じる者」（同3・18）という別の面が強調されます。

マタイ福音書の終わりにも「世の終わり」（マタイ28・20）が出てきます。しかし、この世の終わりは、使徒パウロがまだ自分が生きている間にやってくると思っていたもの（一テサロニケ4・17）ではありません。イエスは弟子たちに、「出かけて行って、すべての国の人々を弟子にする」（マタイ28・19－20参照）という使命を果たすように命じ、自身は「世の終わり」まで彼らとともにいることを明言したものです。

確かに、キリストの弟子たちは、最初からこの使命を果たすために必死の努力をしました。『使徒言行録』や手紙類は、弟子たちの宣教の旅の軌跡をはっきりと示しています。ただ、信仰が広まるとともに、もう使徒たちとその周囲の人たちだけでは手が回らなくなってきました。そこまで成長してきたキリストの教会は、この世での基盤をしっかりと固め、それを土台として「全世界に行って……福音を宣《の》べ伝える」（マルコ16・15）という覚悟を決めます。そのためには、まず教会自身の堅い信仰に基づいた、信徒のこの世での生活を確かなものにしなければなりません。そこで、コロサイ書のような信仰生活の規範になるものが、どうしても必要になってきたのです。世の終わりがもうすぐ来るのだから、それまでの短い間だけ汚《けが》れのない、清い生活を送ろうというような気持ちは、コロサイ書の時点ではもう許されなくなってきたとも言えるでしょう。

それとともに、神の子キリストへの信仰を地の果てまで教え広めていくために、ひと握りの指導者を超えた体制が必要になってきます。そこで教会はエパフラスのような人を選び、その地方の教会の世話を任せるようになったのです。しかし、手紙のなかでの推薦と信任の仕方に非常に念が入っているところを見れば、その時点ではまだエパフラスのような人にコロサイやラオディキアの教会を任せるということはとても思い切った決断だったのでしょう。

このようにして教会は、主キリストから与えられた大きな使命を果たすために、ためらいながら手さぐりで、次第に新しい道をたどっていったのです。

グノーシスとの闘い

コロサイ書が書かれたのには、もう一つの理由があります。それは、コロサイやラオディキアの教会のなかに、それまでとは異なった教えが入りこんできたことです。それを指して、「あなたがたが巧みな議論にだまされないようにするためです」（2・4）とか、「むなしいだまし事によって人のとりこにされないように気をつけなさい」（2・8）と書かれています。そこでまず、コロサイの人々を迷わしたのはどういう教えであったのかを見てみましょう。

グノーシスの教え

その当時は印刷技術がなかったので、そのような教えをもたらしたグループのパンフレットや書物のようなものは残っていません。しかしコロサイ書には、それを指し示すような事柄が書かれています。それは次の四つのようです。

(1) 食べ物や飲み物の規制。また、祭りや新月や安息日のこと（2・16）。
(2) 宇宙の構成にたずさわる天使への礼拝にふけること（2・18）。
(3) 「手をつけるな。味わうな。触れるな」という戒律（2・21）。
(4) 独り善がりの礼拝、偽りの謙遜、体の苦行（2・23）。

これらは、明らかにユダヤ教と混ざった「グノーシス」と呼ばれる教えです。ギリシア・ローマ時代には、地中海と黒海に挟まれた地方は大きくまとめてアジアと呼ばれました。今でいう小アジアです。この地方一帯に広まっていた宗教思想がギリシアの哲学、特にプラトン派の考えを取り入れ、その信奉者たちは自ら「グノーシス」と名乗るようになりました。グノーシスとは、ギリシア語で「知る」という意味のことばです。

その考えでは、この宇宙の根本である一なる者、つまり神を知れば知るほど、その人はこの汚れた世界から救われて幸福になるとされます。物質、体と肉欲などは汚れた罪のもとだと考えられていたので、「手をつけるな。味わうな。触れるな」（2・21）という戒律ができたわけです。

肉体は卑しく下品なものとされたので極端な禁欲主義に陥り、体を否定すればするほど神が見えてきて幸福になれるとも思われていました。そこにさまざまな儀式などが混じり、さらにユダヤ教の律法と絡み合った、何が清く、何が汚れているかという清浄規定が入りこみました。そこから食事や祭りに関する複雑な決まり事が出てきたのです。

教会は最初から、このような教えに対して必死に抵抗し、その激しい闘いの跡は新約聖書の至るところに残っています。当時の教会には難題が山積していました。ユダヤ教からの激しい反発と妨害は、『使徒言行録』のところで見た通りですが、さらにローマ帝国からのキリスト教徒に対する苛酷な迫害もありました。しかし教会は、これらに耐えて大きく伸びていったのです。

キリストの教会は、当時ユダヤ教の人々と決して事を構えようとはせず、さりげなくかわすか、その仕打ちにじっと耐えるだけでした。また、無力な教会を迫害するローマ帝国当局に対しても、教会はただひたすらに耐え忍ぶだけでした。むしろ『使徒言行録』では、ローマ帝国側を何とか好意的に見ようとさえしていることがわかります。

しかし、グノーシスのことになると、教会は初めから顔色を変え、必死になってこれを払いのけようとします。新約聖書で初めに書かれたものはパウロの手紙であり、最後に書かれたものは『ヨハネによる福音書』や『ヨハネの黙示』などですが、いずれでもグノーシスとの闘いが記述されています。こういうところからも、グノーシスが当時の教会にとってどれほど恐ろしいものであったかがおわかりになると思います。

グノーシスへの反論

コロサイ書におけるグノーシスへの反論には、一段と伸びてきた教会の姿がよく現れています。この手紙は決して普通の手紙ではなく、結局はこの反論のために書かれたものですが、全体としてよく練り上げられ、前後の関係に気を配りながら幾度も書き直されたものではないかと思えるくらい、よく組み立てられています。

それはこの反論の骨組みがしっかりしていて、一本の太い筋が通っているからです。エパフラスからパウロ、パウロから神の子キリスト、キリストから宇宙万物の造り主、天の父である神へと通じている真っ直ぐな線です。この線には隙がないため、グノーシスはこの線のどこへも入りこめないのです。つまりコロサイ書は、当時のキリスト教会側から出された、グノーシスに対する公式の見解とでも言えるようなものです。少なくとも教会は、このコロサイ書とヨハネ福音書あたりをもとにしてグノーシスの教えと闘い、これを克服しようとします。そのためにもコロサイ書は、大きな意味を持っています。

グノーシスとの闘いで、まず初めに天の父なる神とその御子キリストとの関係が打ち出されます（1・13－14）。キリストは父なる神の独り子です。父なる神はこの御子に、ご自分に満ちているものすべてを宿らせました（1・19）。しかし、それだけではありません。このキリストの「その十字架の血によって平和を打ち立て……万物をただ御子によって、御自分と和解させられ」（1・20）たことのほかに、人の救いはありません。

使徒パウロは、このキリストの救いの福音を宣べ伝えるためだけに召されたという、キリストとパウロとの結びつきがここで強調されています（1・23－29）。しかし、この結びつきはパウロ自身のためだけのことではありません。「それは、この人々が心を励まされ、愛によって結び合わされ、理解力を豊かに与えられ神の秘められた計画であるキリストを悟るようになるためです」（2・2）。

奉仕者の使命

しかし実際には、パウロはコロサイやラオディキアまで、自分で出かけていくことができません。それで教会はエパフラスを送り、エパフラスこそ正しい信仰の教えを伝える人物であると保証するのです（1・7、4・13）。この手紙で、エパフラスを保証する文章が初めと終わりに出てくることは決して偶然ではありません。大切なことを初めと終わりに書いて、言いたいことをはっきりさせたのです。

実際に、コロサイやラオディキアの教会へ行って、グノーシスと闘うのはエパフラスです。この人たちはたくみな話術で言いくるめられて大変な騒ぎでした（2・16－23）。たくさんの人が勝手なことを言って皆が迷うなか、教会はエパフラスの言うことだけが大丈夫だと保証するのです。なぜエパフラスが大丈夫なのかと言えば、使徒パウロほどの人がエパフラスの人物と信仰を保証しているからです。また、「〝霊〟に基づくあなたがたの愛を知らせてくれた人」（1・8）とあるように、エパフラスと使徒パウロの間には完全に連絡がとれていました。

それでは、使徒パウロという人物は信じてもよい人なのでしょうか。それに対して、パウロ自身の声が返ってきます。「私パウロは、福音に仕える者とされました。みことばを余すところなく伝える務めを与えられた私は、労苦しており、私の内に力強く働くキリストの力によって闘っている」（1・23－29参照）。

さらにもう一歩踏みこんで、キリストとは何者なのか。それに対する答えが、1章の中ほどにある美しい賛歌のなかで高らかに歌い上げられています。「御子は、見えない神の姿であり……万物は御子において造られた……神は、御心のままに、満ちあふれるものを余すところなく御子の内に宿らせ……万物をただ御子によって、御自分と和解させせられました」（1・15－20）。

第12講　エフェソの信徒への手紙

初めと終わりの挨拶

手紙には、それを書くための事情があり、また誰に出すのかという相手があるはずです。その相手も顔見知りとまではいかなくても、とにかく個人的な知り合いであるか、あるいは仕事などでの関わり合いのようなものがあるはずです。何もなしに手紙を書く人は、まずいないでしょう。この点から見れば、教科書や声明文は一般に向けたものであり、手紙としての個人的なつながりはありません。

こういう意味で、以前に見た『フィリピの信徒への手紙』などは、フィリピの教会の人々に対するパウロの懐かしい思いがあふれている手紙です。ところがその反対に、今から読んでいく『エフェソの信徒への手紙』（エフェソ書）には、この個人的なつながりがまったく感じられません。まるで教科書のようなところがあります。手際よくまとまっていて、教会の教えがすべて出てきますが一般的なのです。これは初めの二節（1・1－2）と、終わりの四節（6・21－24）を抜いてみれば、すぐにわかります。エフェソの教会に当てた手紙は、ガラテヤの教会への手紙よりほんの少し短いくらいですから、全体的にそう短いものとは言えません。それが、たった六節抜いただけで誰から誰へという個人的な色彩が全部なくなってしまうので、手紙としては少し不自然です。

まず、1節の「エフェソにいる」という語が、二、三の重要な写本に抜けているのです。このことについては、すでに三世紀の中ごろ活躍したオリゲネスという聖書研究では大変有名な学者がたいそう理解に苦しんでいます。彼の持っていた写本にも、「エフェソにいる」という語が抜けていたからです。それからすでに約千八百年も経って聖書研究も進んだのですが、この1節についてはオリゲネス以上には何もわかっていません。現在考えられている一つは、「書きこみのための空白説」です。つまり、この手紙か教書のようなものを一定の地域の教会へ送れるように、あて先を空けておいたという説明です。それによるなら、1節は「パウロから、〇〇にいる聖なる者たちに」というような文章になります。

ただ、この説明が正しいのかどうかは確定できず、将来もっと適当な説明が出てくるかもしれません。しかし、あて先にどこか教会のある都市名を書きこんでも手紙全体が決しておかしくならないほど、この手紙の内容はどこにでも、誰にでも当てはまる一般的なものだということがわかります。

　終わりの二節（6・21－22）には、パウロの助手であったティキコという人について書かれています。この21節、22節ではギリシア語の単語が全部で三十九個使われていますが、このうち二十九個、つまり四分の三がコロサイ書のティキコの個所（4・7－8）とまったく同じなのです。つまり、このティキコの個所に関する限り、エフェソ書とコロサイ書には関係があると考えられます。誰かが、コロサイ書の個所をほとんどそのままエフェソ書の終わりのところへ書き写したか、それとも同一人物が両方の手紙を同時期に書いて、一方に書いた内容を他方にもそのまま書いたのかもしれません。

　いずれにしても、この終わりのティキコの個所はエフェソ書のなかでは影が薄いのです。しかも、パウロはおよそ三年もエフェソにいたにもかかわら

エフェソで説教をするパウロ
（ル・シューゥル、1649年、
ルーブル美術館）

ず、そこの懐かしい教会の人々にこのような一般的な手紙を書いたのでしょうか。これまで見てきたようにパウロは心の温かい人なので、何か個人的なメッセージか、せめて親しい人々の名前だけでも書き加えないものかと考えてしまいます。

このようなところがこの手紙の性格を実によく表しています。通して読めばすぐにわかると思いますが、この手紙でただ一つの個人的な文章とは初めの一節と、終わりのティキコに関する二節だけです。そしてその両方とも、この手紙の本体には属さない付け足しのような性格を持っています。これを念頭に置いて読んでいきたいと思います。

エフェソ書は、初めと終わりの挨拶を除けば、本体は二つに分かれます。第一部は2章と3章、第二部は4章から6章20節までが大まかな組み立てですが、まず、本体に入る前の第1章を見てみましょう。

神への賛美と祈り

この初めの賛美の部分（1・3－14）は、大変わかりにくいところです。新約聖書は、ほとんどギリシア語で書かれていますが、この賛歌の部分はギリシア語で書かれた古今の作品のなかで、いちばんわかりにくいものの一つだと言われています。一つひとつの文章の意味はわかりますが、全体として何を言おうとしているのかが、あまりピンとこないのです。

この賛歌と祈りには、2章以下で言おうとすることへの導入的な内容も含まれています。そして何よりも、スケールの大きい全宇宙的なところがこの賛歌の気品を高めています。

賛　歌（1・3―14）

この部分を読んで、初めから終わりまで目につくのは、「キリストに結ばれる」という意味の言い方です。「キリストにおいて」や「キリストのもとに」など、次から次へ、ほとんど節ごとに繰り返されています。これがこの賛歌の特徴です。3、4、6、7、9、10、11、13節で繰り返すほど、著者は「キリストに結ばれる」ということをよほど言いたかったに違いありません。

では、キリストに結ばれることの意味は何でしょうか。そこに神の愛がある（4節）、神の輝かしい恵みが与えられる（6節）、贖《あがな》われて罪がゆるされる（7節）などというだけではありません。そこにはもっと大きな宇宙的な広がりが捉えられ、そこにこの賛歌の中心があるのです。すなわち、天にあるものも地にあるものも、すべてキリストを頭として一つに結び合わせる（10節）という神秘であり、全宇宙がキリストを中心とする一つの全体として、前もって計画されている（9節）、天地創造の前から（4節）の神秘です。これは、私たちのために血を流された神の御子キリスト（7節）をもとにした、一つの現世理解のようなものです。信仰をもって、人生とこの世のすべてを理解しようとする、つまり神学の始まりのようなものです。

ここに新約聖書での一つの折り目のようなものがあります。つまり、エフェソ書が書かれるときには、「世の終わりがもうすぐ、明日にでもやってくる」という切迫した気持ちがゆるんでいます。第一コリント書でパウロは、世の終わりのとき、自分はまだ生きていると思っていました（一コリント15・51－52）。この「もうすぐ、明日にでも」という気持ちは、それが切羽詰まったものであるだけに、神学を営む余裕もなければ、必要もなかったでしょう。パウロもこの第一コリント書のときには、世界の終わりとともに、体の復活ももうすぐだから、そのときまでの短い間、希望をもって毎日の仕事と祈りに精を出すようにと勧めています（一コリント15・58）。

しかし、初めはそう思っていても、なかなか世の終わりになりません。そのうちに、当分は世の終わりが来そうもないと皆が感じ始めました。そしてそのときから、もう一度、自分の信仰を考え直し始めたのです。それまでは何も考えないで、ただ信じて迷わなければよかった。しっかり腰を据え、どっしりと構えて、仕事に大いに精を出していれば、それでよかったのです。ところが、なかなか世の終わりになりそうもないし、そのうちに世の終わりがすぐにでもやってくると教えてくれた人々が死ぬようになってきた。こうなれば誰だって信仰のことを、もう一度考え直したくなるでしょう。何かを長い間続けるというのは大変なことです。どれだけ良いことであるにしても、それをこれから先も長く続けなければならないという場合、誰でもその意味を考えずにはいられなくなります。

こうして、信仰による現世理解、この世の成り行きの説明のようなものが考えられるようになり、こういう個所に出てきているのです。「時が満ちて、キリストにおいて実現されるようにと、前もって計画しておられた神秘。それは天にあるものも地にあるものもキリストのもとに一つに結び合わせるということです」（1・9－10参照）。

祈り（1・15－23）

この部分は祈りの形をとっています。しかしそれは、誰かのために祈るというよりも、何かを教え諭しているような印象を与えます。祈りとは、人の心における強い願いであり、望みとも言えるでしょう。それはまず、心のなかで神に向かって祈ります。しかし、この心の祈りが今のような形で書き表されれば、ただ心のなかでの祈りではなくなります。心のなかで神に願うだけではなく、当の相手の人に訴えることになるのです。子どもをそばに引き寄せておいて、その子に聞こえるように「どうか、この子がしっかり勉強してくれますように、お守りください」と祈れば、これはもうただの祈りではありません。この祈りによって、子どもにも「しっかり勉強してくれ」と訴えているのです。

ここでも、相手について祈っていることが、その人にあてた手紙のなかに書き並べてあります。

この祈りにはいろいろなことが含まれています。ずいぶん難しい文章が並んでいて、わかりにくいのですが、次のようなところに注意して読んでください。

まず、この祈りの中心は、神の霊によりみんなが神を深く知ることができるように、心の目を開いてくださるようにというところにあります（1・17－18）。それで何を知るのか、何を悟るのかが次に続きます。神の招きによってどのような希望が与えられているか、みんなが受け継ぐものがどれほど豊かな栄光に輝いているかがわかるように神の照らしを祈りますと言います。つまり、この祈りは、神の恵みや救いなどのすばらしさを本当にわかってほしいと、とても強く訴え、そのために形を変えて、同じことを三度も繰り返しているのです（1・18－19）。しかし、この祈りのすべては、22節と23節にある「教会」のほうへ向けられています。神の恵みのすべては、教会にこそ満ち満ちているからです（1・23）。

この祈りの部分には、栄光に輝く神なる父から神の子イエス・キリストへ、そのキリストを頭《かしら》として、そこから頭の体である教会へという一つの大きな流れ、恵みの流れのようなものがあります。結局、教会にこそ、父なる神と聖霊、神の子キリストのすべてが満ちているのです。「教会はキリストの体であり、すべてにおいてすべてを満たしている方の満ちておられる場です」（1・23）。

この祈りの部分は、ずいぶんこみ入った言い方をしていますが、そのもとには、ただ一つのことしかないようです。宇宙万物の主であり、救いである神の恵みは神の子キリストにあり、そのキリストのすべては、キリストがその頭である体、すなわち教会に満ちあふれている。つまりこの祈りでは、教会に神の恵みのすべてが満ちているということをわかってほしいと言っているのです。

こうしてエフェソ書には、これまでとはまた違った意味での「教会」が言い表されています。そして、この後の2章と3章では、一つの教会論が繰り広げられます。この教会は、もはやコリントやフィリピにある一つひとつの教会ではなく、もっと広く、もっと大きく、一つの全体としての教会が考えられています。これは、もう時代の移り変わりを表すものです。エフェソ書が書かれたときには、そういう「教会」が意識されるようになってきたのです。かつては江戸や京、大坂、会津や薩摩と言っていたのが、明治以降は同じ日本と感じるようになったということと似たようなところがあります。こういうところからも、新約聖書のなかに流れる、時間と時代の移り変わりのようなものを読みとることができます。

キリストの神秘を宣べ伝える

第2章からエフェソ書の本体に入りますが（2・1〜6・20）、それを二部に分けることができます。その初めの部分が2章と3章です。

ここでは祈りのところに続いて、教会のことが説明されています。しかし、ここに示される教会の姿には、まだ組織の体制という面からの説明が出てきません。組織の体制とはリーダー（指導者）とフォロワー（あとに続く人々）の組み合わせだと考えていいでしょう。人が大勢集まって何かをしようとすれば、組織というものがどうしても必要です。キリストの教会も、人の集まりである以上、こういうことを避けて通ることはできないし、神の子キリストから与えられた貴い使命を教会が本当に果たそうとすれば、どうしてもみんなが心を一つにして協力し合うことのできる、確かな組織の体制を作らなければなりません。

しかし、エフェソ書にはこのリーダーとフォロワーという関係には触れず、もっと違った別の面から教会を説明しています。この点でエフェソ書は、まったくユニークな手紙であると言えるでしょう。ここには、論理や運営の次元を超えて一足跳びに、神は教会をどのように思っておられるのかという視点がまざまざと出ています。

まず、2章ですが、ここでは、初めから終わりまで、教会における神の愛の親しみを説きます。人は皆、死んでいたのに、皆同じように神から生かされるようになり（2・5）、皆同じように、キリストによって復活させられ、ともに天の王座に着かせてくださった（2・6）。それは、神からの豊かな恵みで（2・7）、人の力によるものではない。だから、それについては誰一人として誇ることはできない（2・8－9）。また、誰が偉いとか、ユダヤ人ではないから異邦人（よその）だという区別もない。皆同じようにキリストに結ばれて、そのために皆同じ民に属する者、神の家族（2・19）にしてもらったのだから、皆一つの体になった（2・16）。これが2章のあらましです。

3章は2章の延長であり、2章でのことが、今度は使徒パウロの受けた「秘められた計画の啓示」として披露されます。目立つのは、この計画こそ今キリストの使徒たちにおいて、初めて明かされた（3・5）というところです。しかしその内容は、2章で見たところとまったく同じものです。異邦人もキリストに結ばれることによって、同じ体に属するものとなった（3・6）。あとは、神のこの大きな愛を、何としてもわかってほしいという気持ちが何度も述べられています（3・14－21）。

ここでパウロは、「キリストの計り知れない富について、異邦人に福音を告げ知らせるという恵みを受けた」（3・8－9参照）と言っています。「キリストの計り知れない富」というのは、何の区別や差別することもなく、すべての人をご自分のいのちを投げ出して救われたということです。そして、このことを異邦人に告げ知らせ、人々に明らかにするのが「恵み」だと言うのです。

この「恵み」については、もう少し深く考える必要があります。普通の感じからすれば、恵みとは自分の得になるもの、つまり自分のもうけとか利益になるものです。しかし、パウロはキリストの福音を告げ知らせることによって、いくらかの利益かもうけがあったのでしょうか。彼は、いわゆる「もうけ、利益」と言えるものはまったく受け取っていません。反対に、牢《ろう》に入れられたり、町から追い出されたりと、その一生は本当につらい日々の連続でした。第二コリント書の11章7－11節、23－29節にそれがよく出ています。回心してキリストの弟子になり、福音を宣教するようになったことが、ここでは恵みと言われていますが、普通の人が考えるならその反対でしょう。パウロは、そのために自分の一生を棒に振ったのです。しかし、それをここでは得をした、良かった、お恵みであると、ありがたく思っています。

こういうところに、聖書で考えられている「恵み」というものが少しずつ見えてきます。エフェソ書から見れば、だいたい次のようなことだと思います。

(1) 神にとって「異邦人」という者はない。神はすべての人を御子キリストのうちに、聖なる民とし、ご自分の「家族」にしてくださる（2・19）。

(2) この事実こそが、キリストの福音のもとになっている（3・6）。

(3) この福音を全世界に告げ知らせていく奉仕者になること、つまり「キリストの計り知れない富を異邦人に告げ知らせる」（3・7－9参照）ことが、ここで「恵み」とされる。

一般的に「恵み」と言えば、いろいろな良いものが考えられます。成功や才能、健康、財産、大自然など、すべて大きな恵みであり、ありがたい神の賜物です。しかし、最後まで突き詰めて考えてみると、それらだけでは、まだ何のための恵みであるのか、その最後の意味のようなものが抜けています。

例えば、人にとっていちばん手っ取り早く「ありがたい」と思われるものの一つはお金でしょう。しかし、お金そのものを食べたり、着たりすることはできません。お金は何かと交換するためのものです。問題は、それを何と取り換えるかです。健康も才能も、財産も何もかも何かのために使ってこそ意味があります。自分の人生を何のために使うかということでしょう。

人生はいろいろな使い方があります。しかし、それを全部考え合わせてみると、この世の人がみんな一つの神の家に属する一つの家族であるというようなところへ落ち着きます。みんなが心を合わせて、力を合わせて、一つの家族として幸せに生きていくべきなのです。

もちろん、自分さえよければ、人はどうなっても構わないという考え方があります。しかし、みんながそう考えて、誰も一歩も譲らなくなれば、その「自分さえよければ」の自分さえも守れなくなってしまいます。そのときには、食うか食われるかの悲惨な争いになってしまうからです。

神の恵みとは、みんながキリストに結ばれて、一つの家族になること、またそのための奉仕者になることなどと言われると、最初は何となくつまらなく思うかもしれません。しかし、よく考えてみれば、それ以外に考えようがないのです。

キリスト者としての生活

第4章1節から6章20節には、第2章と3章を踏まえて、それに沿った生活を送るようにという実際的な勧めが述べられています。あくまでも、第2章と3章における、キリストに結ばれてみんなが一つになるというテーマが、初めから終わりまで強く繰り返されます。「主（キリスト）は一人、信仰は一つ、洗礼は一つ、すべてのものの父である神は唯一」（4・5－6）という個所が有名です。

結局、この世界は神のもの、人類は神の家族、神の身内になるのであり、みんなキリストに結ばれて一つの体になるという現実から実際的にいろいろな勧めや戒めが出てきて、それらがよく考えられて並べてあります。

まず、罪や悪徳の具体例（5・3－7）と、善悪の具体例（5・8－21）が出てきます。卑猥なことばや愚かな話、下品な冗談はやめて、感謝を表すように（5・4）。また、飲み過ぎて身を持ち崩すほど酒に酔いしれてはならない（5・18）という、ごく身近なことです。

この具体例に続いて三つの説教があります。まず、妻と夫に対して（5・22－33）、次に子どもと父親に対して（6・1－4）、最後に奴隷と主人に対するもの（6・5－9）です。

初めの、夫婦の愛と信頼について述べられた個所は有名です。夫婦の結びつきを、キリストと教会の結びつきにたとえます。キリストが教会を愛して、そのためいのちまで投げ出したように夫も妻を愛しなさい。妻もまた、教会がキリストを慕うように夫を愛しなさいと言います（5・24－25）。これは普通の家庭生活からみれば、まるで夢のような話と思うかもしれません。しかし、ここに言われていることは、決して現実離れしたものではありません。なぜなら夫になぞらえてあるキリストが、教会のためにいのちを投げ出して、十字架の上で皆のために死んだお方だからです。そこから、この文章には、一種の言いしれぬ厳粛さが漂っています。決して、浮ついた、またはロマンチックな話ではありません。神は、このようなものを夫婦の愛としてお考えになり、人を創造された（創世記1・27）のでしょうか。これは、人間の喜ばしい現実ではありますが、また、大いに反省してみなければならないことでもあります。

第6章10－20節で、もう一度、今までのことをまとめて、悪に対してしっかりと闘うように勧めています。特に、「どのような時にも、〝霊〟に助けられて祈り、願い求め、すべての聖なる者たちのために、絶えず目を覚まして根気よく祈り続けなさい」（6・18）というところが心に残ります。

このエフェソ書を読んで感じるのは、全体が一つの作品として見事にまとまっていることです。深い考察の上に書かれているだけに、読む側も全体を貫いているテーマをよく汲み取った上で、一つひとつの部分を味わうべきでしょう。こういう手紙などを通して、教会はようやく、次の世代に信仰のことをまとめて書き残していく段階に入ってきたと言えるでしょう。

第13講　牧者にあてた三つの手紙

――テモテへの二つの手紙とテトスへの手紙

牧者にあてた三つの手紙をまとめて読んでみましょう。なぜなら、この三つの手紙の書かれた事情がほとんど同じだからです。

まず、この三つの手紙は個人にあてて書かれています。個人と言えばフィレモンにあてた手紙（第10講参照）も同じですが、フィレモンは信徒の一人であり、手紙の内容も奴隷のオネシモをよろしく頼むという、どちらかと言えば個人的な性格の強いものでした。それとは異なり、今から読む三つの手紙は、いずれも教会の指導的な立場にあるテモテとテトスにあてて書かれたものです。

この二人は、いずれも一つの地方の教会の責任者（牧者）として働いていた人です。また、手紙の内容も、テモテやテトスという特定の個人にあてたというよりも、むしろその牧者としての任務、つまり実際に各教会を指導し、運営していくための指示や勧め（助言）のようなものです。それで十八世紀のころから、特にこの三つの手紙をまとめて「司牧（牧会）書簡」と呼ぶようになりました。

テモテとテトスの二人は、いずれもパウロの親しい弟子です。第一テサロニケ書、フィリピ書、第二コリント書などの手紙の初めに、パウロは自分の協力者、またともに挨拶を送る人物としてテモテの名前を挙げています。テモテはユダヤ人の母とギリシア人の父を持ち（使徒言行録16・1）、常にパウロの下で働いていたので、みんなも彼のことをよく知っていたのでしょう。パウロは、自分の代わりに、テモテを方々の教会へ送っています（一テサロニケ3・1－2、フィリピ2・19－23、一コリント4・17）。教会には、このテモテが後にエフェソの教会の司教になったという言い伝えが残っています。

テトスはギリシア人で、パウロに連れられてエルサレムでの初めての教会会議に出席しました（ガラテヤ2・1）。この人も、パウロの下で教会のために働き、特にコリントの教会と関係があったと思われ、第二コリント書にはたびたび彼の名前が出てきます（二コリント7・6－7、7・13－14、8・16－19、8・23、12・18）。

おもしろいことに、『使徒言行録』にはテモテの名前は出てきますが（17・14－15、18・5、19・22、20・4）、テトスの名前は一度も出てきません。『使徒言行録』の著者は、テトスへの手紙を知らなかったのでしょうか。

さて、以上のことを前提として、これからこの三つの手紙にどういうことが書いてあるのか、その内容について見ていきたいと思います。

テモテへの手紙（一）

まず、初めの挨拶の後、1章の全体がテモテへの指示と励ましになっています。①いろいろな異なった教えが広まっているが、それに迷わされないように（1・3－7）、②律法も正しく用いれば良いものである（1・8－11）、③パウロ自身は、「罪人《つみびと》の中で最たる者」であるけれども、神の憐れみを受けて救われるようになった（1・13－16）、④テモテも「信仰と正しい良心とを持って、雄々しく戦いなさい」（1・18－20）などと述べられています。

この1章からして、少し気にかかるところがあります。テモテは、ここに出てくるようなことは以前から十分に知っていたはずです。彼はいつもパウロと一緒にいて、しかもパウロの代わりに方々の教会へ行き、人々に信仰や日常の生活について話し、間違った教えと闘った人です。その人に対して、なぜもう一度、このように最初から手取り足取り教えるような、くどくどとした手紙を書かなければならなかったのでしょうか。1章だけではなく、この手紙全体を読んでも、テモテなら十分に知り尽くしていることばかりしか書かれていないのです。

例えば5章の冒頭には、「老人を叱ってはなりません。……若い男は兄弟と思い……身寄りのないやもめを大事にしてあげなさい」（5・1－3）とありますが、これはごく一般的な忠告です。これだけなら誰でも納得できます。しかし、これを当時の大使徒パウロが、その最も信頼する腹心の部下テモテに、わざわざ手紙として、しかも箇条書きにして書き送る必要があったのでしょうか。パウロは本気でテモテが年寄りをひどく扱い、若い男をばかにし、身寄りのないやもめをいじめるかもしれないと心配をしていたのでしょうか。もし本当にそういう人物なら、パウロはテモテを信頼するようなことはなかったでしょう。

最初に見た通り、パウロはテモテとテトスを大変信頼しています。それでは、なぜ当の本人にわかり切っていることを、くどくどと手紙にしてまで書き送ったのでしょう。このことについては、後でもう一度考えてみましょう。

2章全体と3章13節までの個所には、いろいろな実際的な指示が並べられています。まず、祈りについて（2・1－15）書かれ、男性の祈り（2・8）、女性の祈り（2・9－15）などと分類して並べてあります。

3章の1－13節は聖職者の資格について説明した内容で、初めに司教などの監督者について（3・1－7）、次に奉仕者としての執事（ディアコノス）について（3・8－13）述べます。監督や奉仕者とは、教会のなかでの役職の名前です。会社であれば課長や部長、取締役といったところです。ここには、それらの職に就いた人が何をするのかという職務については、ほとんど何もなく、むしろそういう職に就くのはどういう人であるべきか、例えば酒におぼれるような人や乱暴な人はまずい（3・3）というような、倫理と普段の素行や品行について書かれています。つまり、これを読む人は教会にそういう役職があって、教会を指導・運営するという事情を、もう当たり前のこととして十分に知っていたのです。

ここには「自分の家庭をよく治め……子供たちを従順な者に育てている人」とか、「信者になったばかりの人であってはいけません」、さらに「教会以外の人々にも評判の良い人」（3・4－7）とあります。これらはすべて、教会がこの後、長い年月を経ていくであろうことを念頭に置いている文章です。これはこの手紙の大きな特徴の一つです。これを書いた人の頭と心で感じられている教会は、もうこの世の中にどっしりと腰を据えています。世の終わりはもうすぐ、いや明日にでも来るとは感じていません。キリストの教会全体を、これからも末永く続いていくものとして、この世の中で何とか安定させようと心を砕いています。

この個所でもう一つ見えてくることは、教会の役職が、人がすでに自ら望んでなりたいと思うような身分のある地位になっていることです。だからこそ、なりたいという人がいてもふさわしくない人はだめだと念を押し、「まず審査を受けるべきです」（3・10）と言うのです。

3章終わりの14－16節は、テモテに対する戒めです。「行くのが遅れる場合、神の家でどのように生活すべきかを知ってもらいたい」（3・15）ためにこの手紙を書くと言います。考えようによっては親切な手紙ですが、悪くとれば、まるで子ども扱いです。パウロが教えなければ、テモテは「神の家でどのように生活すべきか」がまだわかっていないような口振りです。しかし、そうではなくて、この文章はもっと別のことを意味しています。

実はこの個所は、この手紙の前半の「教え」と後半の「実際的勧告」とを結ぶ橋渡しの役をしているのです。この部分は二つに分かれていて、15節は、神の家とは真理の柱と土台である生ける神の教会であると言い、16節は信心の秘められた真理を伝えることは教会の任務であると言います。ここでパウロは聖職者に、その任務の重要性を理解させるために、教会の偉大さをたたえています。

4章は、7節までが当時の教会へ入ってきた怪しい教えのことを扱っています。「惑わす霊と、悪霊どもの教えとに心を奪われ、信仰から脱落する者がいます」（4・1）とありますが、実際にそれがどういう教えであるのかは、あまりはっきりしません。「結婚を禁じたり、ある種の食物を断つことを命じたり」（4・3）、「俗悪で愚にもつかない作り話」（4・7）などは雲をつかむような説明で、それ以上何もわかりません。手紙の初めにも「作り話や切りのない系図に心を奪われたりしないように」（1・4）とあるように、教会はこれらのことで大変に困っていたことは確かです。

4章12節から5章2節までは、監督のように「長老たちがあなたに手を置いたとき」与えられる聖職にある人の心がけや、務めについての個所です。「年が若いということで、だれからも軽んじられてはなりません」（4・12）というのは、どこかほほえましいところです。具体的にどうすればいいのか何も書いてありませんが、なんとなくわかるような気もします。

5章3節から6章2節までは、またこまごまとした規則が助言のような形で続きます。驚いたことに、その半分（5・16まで）はやもめについてのことです。その当時の教会には、やもめになった女性がたくさんいて、問題となっていたのでしょうか。「年若いやもめは……家から家へと回り歩くうちに怠け癖がつき、更に、ただ怠けるだけでなく、おしゃべりで詮索好きになり、話してならないことまで話しだします」（5・11－13）とは、またずいぶん具体的で、まるで目に見えるようですが、よくもまあ、これだけはっきり書いたものだと思います。

こういうところに、現代に生きる私たちは時代の隔たりを感じます。今の時代では、もはや社会的に男女に差をつけることは認められません。しかしよく考えてみれば、ついこの間まで、この世界では男女が平等であるとは思われていませんでした。まして聖書が書かれたのは、今からおよそ二千年も前のことです。

聖書を読む場合、私たちはこのような時代の違いを十分に知っておかなければなりません。もちろん、聖書には時代を超えた永遠の真理が示されています。しかし、聖書の成り立ちを見れば、当時の人々が生活を営むなかで、人間となった神の子キリストの生と死と復活が明かされているという事実があります。これがそのまま聖書の記述に表されているので、そこにはおのずと当時の考え方や価値観が出てきます。この点をよく理解して、そうしたところにこだわることなく、聖書の真意を読みとるようにしてください。

例えば、6章1－2節には、奴隷は主人によく仕えるようにと書いてあります。実際のところ、奴隷制度の歴史などを少し調べてみるだけで、そのおぞましさは想像を絶するものがあります。ところが聖書は、人権などはお構いなしに「奴隷は主人を尊敬して働いていればいいのだ」と言っており、現代の価値観からすれば当然、大きな問題になるものです。しかし、このことをもって聖書を責めることはできません。人類の歴史上、人間はお金や物で売り買いできない貴い存在であるということは、すでに聖書にも明白に見られますが、それを現実のものとして広く認め合うようになってきたのは、つい最近のことです。当たり前のことや正しいことであっても、それが一般の人々に理解されるには時間がかかります。ときには、気の遠くなるような、長い時間が必要でした。聖書には、私たちに話しかける神の声が響いています。それはキリストのその時代の人々への呼びかけであり、そこを通して私たちへも呼びかけておられるのです。

さて、いよいよ最後の部分を読んでみましょう（6・3－21）。3－10節は、異なる教えからもたらされる害についてであり、続く11－20節はテモテに与える勧告となっていますが、全体を通してなんとなく教会の運営のほうを強く意識したような部分が目立ちます。この手紙が書かれた時点での、教会のなかに存在したかなり複雑な事情が感じられて、読む人の胸を打ちます。そして、最後に「恵みがあなたがたと共にあるように」（6・21）と言っているところから考えると、この手紙はテモテという「あなた」にあてたものというよりも、テモテを通して教会の牧者全体に「あなたがた」と呼びかけているのではないでしょうか。

テトスへの手紙

本体の内容

挨拶は少し長いものですが、先のテモテへの手紙の挨拶とほとんど同じものです。それに対して手紙の本体は『テモテへの手紙（一）』を手際よくまとめ、また一部を抜いて縮めてあるものなので、内容的にもあまり説明することはありません。次に、箇条書きするだけにとどめておきます。

(1) テトスにクレタへ残ってもらった理由（1・5）
(2) 監督者のあるべき姿（1・7－9）

(3) 司牧のための助言(1・10-16)
(4) 監督者としての、高齢者、若者、奴隷への健全な教え(2・2-10)
(5) なぜ「思慮深く」生活しなければならないかの理由(2・11-15)
(6) 信徒とテトスへの勧め(3・1-11)

『テモテへの手紙(一)』との比較

『テトスへの手紙』は先の『テモテへの手紙(一)』と同じく、特に目新しい内容を持たない手紙であることがわかります。しかし、どうしてここに、二つの同じような手紙が残してあるのでしょう。この二つの手紙にはその内容からして、一方はエフェソの教会だけ、他方はクレタの教会だけにしか当てはまらないということがありません。

ある専門家は、先の『テモテへの手紙(一)』は早くからあった教会、すなわち信徒の数も増え、かなり大きくなった教会のために書かれたものであり、そのような教会をどう指導していけばよいかという要点が、その教会あての手紙の形にしてあると言います。他方『テトスへの手紙』は、まだ始まって間もない、これからという教会を指導するためのものだろうと説明しています。

そう言われれば、確かにそういうところがあります。例えば『テモテへの手紙(一)』では、典礼と祈りについて相当長く、また詳しく書かれています（2・1–15）。そこには、五人や十人ばかりの集まりではなく、大勢の信徒が毎週のように規則正しく祈りの集会を続けていることが前提となっています。しかし、『テトスへの手紙』には、この祈りの典礼についての部分がすべて省かれています。全体の様子から見て書き忘れたのではないことは確かで、恐らくまだそこまで言及するほどの人数ではないために省いたと思われます。

さらにこの二つの手紙には人に対する気持ち、態度からことば遣いに至るまで微妙に違うところがあります。『テモテへの手紙（二）』には、まるで管理者のように、上からみんなのすることを見張っているような空気が感じられます。みんなのためにならない人物を批判する際のことば遣いはとても鋭く、大変手厳しいものです。例えば、正しい信仰を離れるようになった人々について、「惑わす霊と、悪霊どもの教えとに心を奪われ」（4・1）とか、「自分の良心に焼き印を押されて」（4・2）などと言います。これはとても強い表現ですし、まともに人に対して使えることばではありません。前に見た若いやもめについてのところ（5・13）などは、厳しさを通り越して辛辣《しんらつ》な感じさえ受けます。「既に道を踏み外し、サタンについて行ったやもめもいる」（5・15）というのも、少し言い過ぎではないでしょうか。

反対に『テトスへの手紙』には、「悪霊」とか「サタン」という言い方は一度も出てきません。かえって相手を尊敬し、尊重している気持ちが手紙の全体にあふれています。正しい信仰を持っていない人々についても見下すような言い方は一度もせず、とても丁寧で穏やかです。クレタ人の性質に関する引用個所（1・12）だけが目立ちますが、むしろそれが目立つほど全体はおとなしいとも言えます。

テモテへの手紙（二）

この手紙は、先に見た二つの手紙とは大変違っていますが、三つとも同一人物によって書かれているのは確かです。文章の様子、ことば遣い、ものの言い方などからみて、ほとんど疑う余地がありません。しかし、書かれている内容は他の二つの手紙とは大きく違います。個人的なことを主体にして、その間に福音の務めのこと、特に教会を指導・運営するにあたっての助言が書き入れてあります。それではまず、この手紙から当時の事情を見てみましょう。

そのときパウロは、ローマで牢《ろう》につながれています（1・8、1・16、2・9）。一度は裁判で弁護してくれる人もなしに、自分の弁明をしなければなりませんでした。「わたしの最初の弁明のときには、だれも助けてくれず、皆わたしを見捨てました」（4・16）。しかし、そのときは「わたしは獅子の口から救われました」（4・17）が、まだ牢に入っています。しかし、この間に、オネシフォロが尋ねてきてくれ（1・16－17）、今はルカが一緒にいます（4・11）。そのほかにも、いろいろな人の往来がありました（4・10－14）。「銅細工人のアレクサンドロがわたしをひどく苦しめ」たので、「彼には用心しなさい」（4・14－15）。自分では「もう世を去る時が近づきました」（4・6）。だから早くテモテに来てほしいのです（1・4、4・9）。冬になる前に（4・21）、マルコと一緒に来てくださいトロアスに置いてきた外套《がいとう》と書物を持ってきてください（4・11）。（4・13）。

このような事情のなかに、次のようなことが書き入れてあります。

(1)　パウロはみんなから離れて一人きりだが、キリストは彼を力づけてくださっている（1・15、4・16－17）。

(2)　私たちはキリストの福音のために任命された（1・11）。それで、キリストの立派な兵士として苦しみ、その苦しみに耐えなければならない（2・3－6、2・9、3・11－12）。苦しみに耐え抜けば主は必ず救ってくださるし、いつも力づけてくださる（2・7、3・11）。

(3)　ことばの争いは、何の役にも立たない。聞く者を破滅させる（2・14、2・23－24）。

(4)　困難な時期が来て、人々は自分の都合のよいことしか聞かず、自分の好きなことしかしなくなる（3・1－5）。それでも身を慎んで、苦しみを耐え忍び、福音宣教者の仕事に励みなさい（3・14、4・1－5）。人々も一度は迷っても、いつか目覚めて悪魔の罠《わな》から逃れるようになるだろう（2・26）。

(5)　若いころの情欲から遠ざかり、清い心で正義と信仰と愛と平和を追い求めなさい（2・22）。
(6)　真理に逆らう人々を避けなさい。彼らは精神の腐った人間で、信仰の失格者です（3・5－8）。

三つの手紙に共通するもの

この三つの手紙に共通して見られるものとは、キリストの教会がこの世界のなかで生き始めたということです。当初言われていた、「今すぐにでも世の終わりが来る」という終末が当分は来そうもないという事実を教会は受け入れ始めたのです。この世はもうすぐ終わりになるのだから、それまでの短い間をただがんばり抜けばよいなどと言うのではなく、これからの教会はこの世での将来のことまで考えなければ、その使命を果たすことができなくなったのです。しかしそのためには、まず教会が世の中にしっかりと腰を据える必要があります。浮足立っていたのでは、何も始めることはできません。平穏無事な市民生活に溶けこむための努力が、ここから始まるのです。

もちろん、それがすべてだというのではありませんが、当分この世に終わりが来ない以上、教会はこの世でも、できるだけ正しい生き方を身につけていかなければなりません。そこから家庭や社会のなかで、互いに平和に生きていくための倫理が強調されるようになります。これは決して、キリスト教だけの特別な倫理などというものではなく、ごく普通の誰にでも当てはまる倫理です（テトス3・1－2）。

それとともに、教会としてそろそろ「伝統」のことが持ち出されるようになります（二テモテ3・14、テトス1・9）。この伝統は、信仰についての教会の教えと司教や奉仕者などの指導者による教会の運営を安定したものに落ち着かせます。少しずつ伝統が積み上げられてくるにつれて、教会は各時代を通して、全世界に働きかけていくための組織としての体制が整えられてきます。これは重要な点で、これ以後、教会はそれまでの信仰の伝統を基盤として、キリストから与えられた使命をしっかりと果たすことができるようになるのです。

パウロは、次の世代の信仰を育て、導いていく指導者とはどういう人でなければならないのかを伝えています。それを、手を取るようにして教え、励まそうとしているのが、『テモテへの手紙（二）』です。こうして教会は、キリストから受けた使命を果たすべく、次の時代にまでも働きかけているのです。

「全世界に行って、すべての造られたものに福音を宣《の》べ伝えなさい」（マルコ16・15）。

げながら、キリストの生涯を追った福音書やそれを人々に伝えた『使徒行伝』(現在の『使徒言行録』)を読みたいと心の底から思ったものでした。どうして聖書を自由に読んではいけないのかは、第二バチカン公会議に至るまで長い間の疑問でしたが、私は15歳でカトリックの洗礼を受けました。

60歳を過ぎて病に倒れ、四肢麻痺となってからは聖書を手にすることもできなくなりました。自分が二度と起き上がれないと知ったときは、「娘よ、起きよ」と誰か言ってくれないかと願ったものです。しかしそれからは、私の記憶の中にある、身についた聖書というものが本当に助けとなりました。先日、プロテスタント教会の牧師をしている弟が、レバノンの女性監督ナディーン・ラバキーの『存在のない子供たち』という映画を観てきたと話してくれました。それは国籍のない中東の子どもたちを描いた作品で、原題の“Capharnaum”はキリストが伝道したガリラヤ湖のほとりの町、カファルナウムを思わせます。

たとえ、ページを繰って読むことができなくとも、心の中に焼きついた聖書の場面、場面は大きな力をもって私に迫ってきます。

動かざる足裏《あうら》に踏絵のキリストが「吾《あ》を踏みて立て」と夢にささやく

聖書とわたし——2

心の中に焼きついた聖書

有沢　螢

歌　人

皆さまが初めて聖書を手になさったのは、どのような状況だったでしょうか。私は6歳のとき、脊椎《せきつい》カリエスの手術のために慈恵医大に入院をした際、そのころ通っていた大森めぐみ幼稚園の先生がお見舞いにもっていらしたプロテスタントの口語訳聖書が最初でした。私は、その聖書を自分で読んだり、母に読んでもらったりしながら、「人は死ぬと天国に行くのね」などとつぶやいておりました。

小学2年生から学校に通えるようになり、4年生からはめぐみ教会の日曜学校にも通うようになりました。毎月欠かさず出席すると聖句が書かれた美しいカードをいただくことができました。「きょうは野にあって、あすは炉に投げ入れられる草でさえ、神はこのように装って下さる」などの言葉を暗記したり、「マタイ、マコ、ルカ、ヨハネ伝、使徒、ロマ、コリント、ガラテヤ書……♪」と、新約聖書の目次を鉄道唱歌のメロディーにのせて歌ったりしていました。

中学からは入学したカトリックの学校の寄宿舎に入り、毎朝6時半からのミサに出席するようになりました。そのころカトリックでは、信者は公教要理かミサ典書に引用された聖書個所しか読むことができませんでした。私は十字架を見上

第14講　ヘブライ人への手紙

ヘブライ書の特異点

本論に入る前に、この表題について考えてみます。つまり、『ヘブライ人への手紙』（ヘブライ書）と呼ばれていますが、これは本当に手紙なのかということです。

これが手紙とされる理由は二つあります。まず何より「手紙」という題がついていること。次に、いちばん終わりに手紙らしい挨拶がついているからです（13・22－25）。しかし、この表題がずいぶん後になってからつけられたということは、今日では聖書学の通説になっています。

終わりの挨拶は明らかに手紙の末尾につくものです。この終わりの部分を切り離して、本体だけ（1・1～13・21）を読んでみると、この本体の部分には手紙としての性格がまったく抜けていて、どこにも手紙らしいところが見当たりません。それでは、そこにはいったい何が書いてあるのでしょうか。それこそ13章22節に出てくる「勧めの言葉」なのです。ですから、これは手紙ではなく説教だと言う学者もいます。この『ヘブライ人への手紙』の著者は「書く」とは言わず、「語る」「話す」「述べる」と言い（2・5、5・11、6・9、8・1、9・5、11・32）、終わりを荘厳な祈りと「アーメン」で結んでいます（13・20－21）。

これが本当の手紙であるのなら、当時の手紙の常識として、少なくとも初めに挨拶があるはずです。パウロのほかの手紙の冒頭を見ても、「神の御心によって召されてキリスト・イエスの使徒となったパウロと、兄弟ソステネから、コリントにある神の教会へ」（一コリント1・1）など、実に胸のすくような書き出しになっています。しかし、そのような挨拶がここではまったく抜けているのです。

これが説教であれ、手紙であれ、結局は何か大切なことについて相手に話しかけるという点では同じことなので、これが手紙であるのかどうかはあまり大切なことではないかもしれません。それでも、このようなことについて考えてみたのは、このヘブライ書をどういう心構えで読めば、書いた人の意図をいちばんよく汲み取ることができるのかを考えてみたかったからです。つまり、読む人の心構えによってその解釈もずいぶん違ってくるからです。こういうことを念頭に置いて、本体を読んでいきましょう。

ヘブライ書は何の前置きもなしに、そのまま本題に入ります。本題に入るといっても、普通の入り方ではありません。この著書は、これから言おうとすることの全体をすべてそのまま相手に投げつけるように、目の前にパッと広げます。こういう点から、ヘブライ書は一枚の絵のようなものだとも言えます。

一枚の絵だと、まずその絵の全体が見る人の目に飛びこんできます。これを見た人は、それだけでは何のことやら、あまりよくわかりません。それでまず、片隅のこの花がきれいだとか、あちらの山と雲がなんとも言えず美しく描けている、こちらの人物はまるで生きているようだなどと、各部分を見て、少しずつ理解し、納得していくことになります。それから、また少し離れて、全体を見渡す。こういうことを繰り返して、やっとその絵の価値が少しずつわかってくるようになります。

ヘブライ書は、このような絵に似た書き方がされているので、読む場合にも絵を見るときのようにしないとわかりにくいのです。つまり、その全体を見たあと、ここかしこの小さな部分の読みを深め、それを合わせていって最後に再び全体を見渡すという方法が、とても役に立つのです。

神の子キリストを称える

ヘブライ書の1章では詩編やサムエル記など、旧約聖書からいろいろな引用を寄せ集め、それをもって神の子キリストの栄光の輝きを見せようとします。すなわち、キリストこそ「万物の相続者……神の栄光の反映、神の本質の完全な現れ……大いなる方の右の座にお着きになり、天使たちの名より優れた名を受け継がれた」方だと言うのです（1・2-4）。

これは、ただイエス・キリストを神の子として褒めたたえるというだけのことではありません。手紙の全体から見れば、これをもとにして次に何かを言おうとしています。そのための出発点であり、基礎としてイエス・キリストは本当に神の子であり、すべてを超えて光り輝くすばらしい方であると1章で述べ、2章の冒頭の「だから……」へ続くわけです。

神の子キリストのすばらしさを証明するために、旧約聖書からの多くの引用があることから、ヘブライ書が主に誰に向けて書かれたものなのかという、その読者の姿が浮かび上がってきます。つまり、旧約聖書の価値がわかり、しかも詩編の祈りに通じているような人です。この手紙は、旧約聖書が神のことばを伝える書物であり、聖書としての重みを十分に感じている人に対して書かれているのです。聖書のことを知らない人、神のことばが書かれている聖書の権威を認めようとしない人に、聖書からの引用をしてみたところで、あまり意味がありません。

聖書を大切に信じている人たちとは、信心深いイスラエル人であり、その当時、イスラエルの周辺国の人たちは、イスラエル人を「ヘブライ人」と呼んでいました。そこからこれが『ヘブライ人への手紙』と呼ばれるようになったのです。

苦しみを引き受けるキリスト

神の子キリストの、神としての限りない誉れと永遠不滅の輝き。これが1章の大まかな内容でした。次に、その神の子が私たちと同じ人間になって、この世に来られた（2・14）こと、そして苦しみを受けて、辱めの死を味わわれた（2・9）ことが、2章から4章にかけて詳しく説明されます。それらの個所を、少し細かく見てみましょう。

まず、神の子は人々を救うために、これから救おうとする人間と「兄弟」になられた。「人を聖なる者となさる（人を救う）方も、聖なる者とされる（救ってもらう）人たちも、すべて一つの源から出ているのです」（2・11）。ですから「兄弟」と呼ぶと言います。

「子ら（私たち）は血と肉を備えているので、イエスもまた同様に、これらのものを備えられました」（2・14）。これに続いて、神の子がなぜ私たちと同じ人間になられたかという、その理由が述べられます。「悪魔を御自分の死によって滅ぼし、死の恐怖のために一生涯、奴隷の状態にあった者たちを解放なさるためでした」（2・14－15）。

さらに続けて、非常に強い言い方が出てきます。「それで、イエスは……すべての点で兄弟たちと同じようにならねばならなかったのです」（2・17）。神の子キリストは、私たち人間を救うために、ご自分も人間にならなければいけなかったのです。これはヘブライ書の論理の持ってい き方、あるいは説明の仕方です。すなわち、相手と同じものにならなければ、その相手を救うことができないし、相手と同じもの、つまりきょうだいであるからこそ、相手を救うことができるというわけです。これは、この続きを見ればよくわかります。「御自身、試練を受けて苦しまれたからこそ、試練を受けている人たちを助けることがおできになるのです」（2・18）。これはキリストの受難と、十字架にかけられての死を前提としたもので、著者はこれでキリストの救いがどのようなものであるかを示そうとします。

1章で、神の子キリストの神としての栄光と力を示し、次にその方が私たちと同じ人間になり、私たちと同じように苦しんで死んでくださったと言います。キリストは神の子なのに、私たちのきょうだいになってくださった。しかも、私たちの苦しみを丸ごとすべて一緒に苦しんでくださった。ここで著者の言いたいことは、私たちだけが苦しんで死ぬのではなく、キリストこそ私たちよりも先に、同じ苦しみと死の道を歩んでいかれたというところにあります。

ここに現れたキリストの姿とは、苦しむ者とともに苦しみ、死ぬ人がいれば、その人よりも先に、その人のために死んでくださった神の子の姿です。新約聖書は、これを実際にこの世に現れた神の愛と呼んでいます（ヨハネ3・16－17参照）。

ギリシアの運命の神々は、運命の波に浮きつ沈みつ苦しくあえいでいる人間の泣き笑いの世界を横目で見ながら、それとはまったく別の楽しみと喜びの世界に生き、下界の哀れな人間の運命を、ただ気まぐれに操っています。ヘブライ書は、キリストはそうではなく、「御自身、試練を受けて苦しまれたからこそ、試練を受けている人たちを助けることがおできになるのです」（2・18）と言います。

これはわかるような、わからないような、複雑な論理です。本当に同じように苦しんだ人にしか、今現在苦しんでいる人を救うことはできないのでしょうか。「人間の心の苦しみを心底わかって救うことは、自分も同じように苦しんだ人だけにしかできない。人の苦しい胸の内など、自分でもとことん苦しんだ人でなければ、とてもわかるものではない」などと言われると、なるほどと思ってしまいます。

しかし、キリストの場合、本当にそうでしょうか。ここで救う側とは神さまです。神にわからないことはありません。それに、いくら苦しい胸の内でも、神の目に見えないところはありません。神はすべてをご存知で、人のどれほど密やかな思い、悩み、苦しみでも、神は当の苦しんでいる人以上にその人の苦しみをともにしておられます。神とは、そういう方です。

そうすると、このヘブライ書の論理は、どう理解したらよいのでしょうか。これはひと言で言えば、聖なる神のあふれるばかりの愛を語っているのです。本当なら、神の子キリストがご自分でみんなの苦しみまで背負って、しかも苦しい十字架の死までも受けてくださる必要など、何もなかったのではないでしょうか。天の父である神は、その御子キリストの願いなら、何でも聞き入れてくださいます。「わたしの願いをいつも聞いてくださることを、わたしは知っています」（ヨハネ11・42）。ひと言「皆をゆるしてください」と願えば、いや、心のなかでかすかにそう思っただけでも、全世界の罪と罰はすべてゆるされたのです。しかし、神の子キリストはそうはしなかったのです。

キリストは私たちのために誠心誠意尽くし、しかも最後には十字架の上での苦しい死まで引き受けてくれました。普通の人なら、これほどまでしているのにまだわかってもらえないのかと、十字架の死を前にして引き返すところでしょうが、神の子キリストはそうはしなかった。神こそは、愛する人間を最後まで愛し抜く方である。また、神の子であり、ご自分も「神の本質の完全な現れであって、万物を御自分の力ある言葉によって支えておられ……天の高い所におられる大いなる方の右の座にお着きに」（1・3）なっているキリストが私たちのためにそれほどまでにしてくださった。そのキリストこそ、すべてを捨てて信頼するに足る方であり、どれほど信頼しても決して裏切られることはない。ヘブライ書はこれらのことを言いたいのです。

それと同時に、これを詳しく説明して、教会の人たちにどうしてもわかってほしいという事情が当時の教会にはありました。この事情とは、当時の教会を襲った恐ろしい迫害です。次にこの迫害、とりわけ新約聖書と関係のある初期の迫害について少し見ていきましょう。この迫害を脇に置いてヘブライ書を読むと、とんでもない読み違いになりかねないからです。

ヘブライ書が書かれた背景

教会を襲った迫害

キリストの教会は、その初めからたくさんの難しい問題に見舞われてきました。そのごく最初のものについては、『使徒言行録』のところで見てきた通りです（第2講参照）。当時の教会がつぶされてしまいそうになる大きな問題は二つありました。その一つはグノーシスの教え、もう一つはローマ帝国による迫害です。

この二つのうち、グノーシスの教えは、見かけ上はそれほど深刻でもないようですが、実はどれほど苛酷な迫害よりも、はるかに恐ろしいものでした。キリスト教はそのために、内部から崩れてしまいそうになったのです。プラトン哲学の亜流としての物知りぶった言い方と、さもいわくありげな甘いささやきの魅力は、当時の教会にとって大きな誘惑でした。グノーシスの教えによって、キリスト教の信仰はただの哲学と迷信の一派になり果てようとしていました。教会はこの教えと、それこそ血みどろになって闘ったのです。

ヘブライ書の問題は、当時の教会を襲ったもう一つの嵐である迫害にありました。これはローマ帝国が、まだ生まれて間もない若い教会へ仕かけてきた、外からの恐ろしい暴力的なゆさぶりでした。結果的に見れば、教会はそれによってつぶれるどころか、かえって大きく伸びて育っていったのです。しかしそうは言っても、迫害のさなかにあった教会と、その信徒の苦しみは大変なものでした。ローマ皇帝は民衆の歓心を買うために、大きなスタジアムの真ん中で、まるで見世物のようにキリスト教徒をなぶり殺しにしました。山のような群衆が集まって、歓声を上げながら、人が苦しみもだえながら死ぬのを見物したというのですから大変なことです。殺される側のキリスト教徒にとっては、それこそ悲惨な苦しみそのものでした。

ヘブライ書と関係のある迫害としては、二つのものが考えられます。それはローマ皇帝ネロ（在位五四－六八）による迫害とドミティアヌス帝（同八一－九六）によるものでした。

残念なことに、ローマ帝国におけるキリスト教迫害の実情については、あまりはっきりした史料が残っていないため、詳しいことがわかりません。それは当時の迫害自体が、まだローマ帝国そのものとキリスト教会との間の、公の争いにまでなっていなかったからです。当時の迫害についての残酷極まりない話を聞くと、まるでローマ帝国全体がキリスト教会の上に襲いかかったかのような印象を受けますが、三世紀の前半まではあくまでも個人的・部分的な迫害でした。デキウス帝（同二四九－二五一）がローマ帝国の元老院に命じて、公にキリスト教迫害の法律を成立させたのは、紀元二五〇年の春のことでした。ですから、それまでの迫害は皇帝の個人的な命令によるもので、また範囲もローマ市内（ネロ帝の迫害）とか、地方でもそれぞれの総督の個人的な判断に任せられた部分的なことでした。

これは当時の教会にとって、まさに不幸中の幸いでした。もし、皇帝であるネロやドミティアヌスが本気になって元老院を動かし、キリスト教迫害の法律を成立させたとすれば、当時、まだ生まれたばかりの幼い教会はひとたまりもなくつぶされていたかもしれません。

危機に立つ信仰

恐ろしい迫害は、捕らえられた信徒にとってはいのちに関わる大変なことです。言われた通りに信仰を捨てて、いのちだけは助けてもらうか、それとも信仰を守り通して、なぶり殺しにされるか、この場合は逃げようがありません。

元来、ローマ帝国は宗教や信仰に関してはとても寛大で、風俗と治安に反しなければよほどのことでも許していましたが、それには一つの条件がありました。それはローマ帝国の神々を認め、受け入れるというもので、実際にはローマ皇帝を神と認め、皇帝の像に供え物をささげて祈るということでした。迫害者はキリスト教徒にも、ローマ皇帝を神として拝むように迫り、それを拒めばローマ帝国への反逆者という理由で処刑されたのです。もちろん、信仰を捨てようとしないキリスト教徒に対して、激しい拷問があったことは言うまでもありません。

これは、キリスト教会にとっても大変なことでした。神の罰を受けそうな人が苦しみに遭うのではなく、神を固く信じているために身の毛のよだつような拷問を受け、なぶり殺しにされる。普通に考えれば、神を心から信じて深く帰依すれば、神のご加護によって、そのような苦しみから遠ざけられるのではないでしょうか。また実際に、そういう助けや恵み、つまり救いを期待するからこそ信仰するという人も多くいるのではないでしょうか。ところが現実には、信仰を持つがゆえに恐ろしい迫害に巻きこまれる。神がこの世のすべてを取り仕切っておられるのに、しかも自分は何も悪いことはしていないのに苦しい状況に陥る。誰でも、「こんなはずではなかった。おかしい」と思うでしょう。

このような事情から、ヘブライ書が書かれるようになりました。「こんなはずではなかった」とたじろぐ人々に、「いや、信仰によって人は絶対に救われるのだから、どれほど苦しくても、迷わずに信じるように」と理由を尽くして説明し、励ましているのです。

先祖の模範的な信仰

迫害の嵐のなかで、ヘブライ書は人々に力と慰めを与えようとします。この力と慰めは、最後まで耐え忍ぶためのもので、今に苦しみがなくなる、または、信仰や心の持ち方一つでこの世のことのすべては解決するとはひと言も言っていません。どれほど苦しくても、信仰の道を最後まで真っすぐに歩み通すようにと励まします。

まず、固い信仰をしっかりと持ち続けるように勧めます（2・1、4・14、10・35－39）。そのために11章全体にわたって、旧約聖書のめぼしい出来事を引きながら、人は信仰によってこそ救われるが、その時代でも信仰を守ることが大変であったことを教え諭します。実に、11章だけでも、「信仰」ということばが二十八回も出てきます。こうして、人は信仰によってこそ救われるのであって、「おびただしい証人の群れに囲まれている以上……自分に定められている競走を忍耐強く走り抜こうではありませんか」（12・1）と語りかけるのです。

「信仰の創始者また完成者であるイエスを見つめながら。このイエスは、御自身の前にある喜びを捨て、恥をもいとわないで十字架の死に耐え忍び、神の玉座の右にお座りになったのです」（12・2）。これは、私たちも目の前に置かれた喜びを捨てて恥ずかしい死に方をしても、最後に神の玉座の側へ行くほうがよいと励ましているのです。さらに、空腹に耐えかねたエサウがパンとレンズ豆の煮物の代わりに長子の権利を弟のヤコブに譲ったように（創世記25・29－34）、「ただ一杯の食物のために」（12・16）、神の子としての権利を売り渡すようなことは絶対にしないでほしいと頼みます。

また、神は真実なお方であり、その約束は確かなのだから（10・23）、ただ私たちは、最後まで耐え忍ばなければならない（11・36－40）。この地上に私たちの永遠の住み家はなく（13・14）、イエスも「門の外で苦難に遭われた」（13・12）のだから、「わたしたちは、イエスが受けられた辱めを担い、宿営の外に出て、そのみもとに赴こう」（13・13）と呼びかけます。

これがおおよそのヘブライ書のあらましです。今の私たちにとって、当時の教会の雰囲気などは想像するほか知りようがありません。そのため、そのような状況にある人々に向かって直接に話しかけられたことも、何となくわかりにくいのです。しかし、よく注意して読んでみるなら、恐ろしい迫害の嵐のなかでじっと息を潜めて、あくまでも耐え抜こうとしている教会の張り詰めた気持ちと、その息づかいが感じられてくるのです。

ヘブライ書の驚くべき一面は、教会を迫害する人のことを何一つ言わないことです。普通であれば、自分たちを不当に苦しめ、いじめ抜いて殺しにかかるような理不尽な人たちのことについて何か言うことでしょう。ダンテは『神曲』で、自分の気にくわない人を皆、地獄編のなかへ入れてしまいましたが、ヘブライ書にはそれがありません。やはり神さまの気持ちとは、こういうものでしょうか。聖書には、こういうところにまで神さまの姿がにじみ出ているのです。

第15講　全キリスト者への手紙（1）

手紙から回状へ

『ヤコブの手紙』『ペトロの手紙』二つ、『ヨハネの手紙』三つ、それに『ユダの手紙』は「全キリスト者への手紙（公同書簡）」と呼ばれています。それは、これまで見てきた手紙のように誰かにあてて書いたという、あて先の人々や教会のための手紙というのではなく、ただ広く教会全体、すべてのキリスト者にあてて書いてあるからです。

これら七つの手紙を読めば、使徒たちの時代から相当な年月の隔たりを感じさせられます。初めは使徒たち、特にパウロとそのまわりのごく少数の人たちが二人ずつで地方を回りながら、その行く先々で教えを広め、少しずつ信徒を増やしていきました。その時代には、限られたところにごく少数の信徒が集まっていただけです。とても「教会全体」というようなものではありませんでした。それがこれら七つの手紙が書かれたときには、「全教会、全信徒」と呼びかけるだけの信徒の大きい集まりと広がりが育っていたのです。

したがって、これら七つは、ある限られた人や特定の団体にあてられた「手紙」というよりは、もっと広く一般にあてられた「回状」というほうが正しいでしょう。この時点でキリストの教会は、すでに回状を出すまでになっていたのです。それは教会が大きく広がって新しい信徒が増えていくにつれて、使徒たちをまったく知らない人も急に増えてきたからです。もちろんペトロやパウロを見たこともない、さらにペトロやパウロに親しく会って、その話を直接に聞いたという人たちにも会ったことのない、そういう第二、第三の世代の新しい人たちが、教会を担い始めたのです。

こういう事情のなかでも、教会はあくまでも救い主イエス・キリストから弟子たちに渡された、そして、それをペトロやパウロたちが教え導き、育て上げてきた教会とまったく同じでなければいけません。そうでなければ、少しずつキリストの教会ではなくなっていくからです。

このために二つのことが大切になってきます。一つは、使徒たちが教えた同じ信仰を守り続けるということです。場所的にも人数の面でも大きく広がり、第二、第三の世代の人々が教会に入ってくれば、当然いろいろな説や新しい意見、考え方が出てきます。もちろん、怪しい教えや誤解、迷信までも入ってくるでしょう。すでにパウロの時代から、教会はグノーシスの教えに手を焼くようになっていました。今から読んでいく七つの手紙にも、キリストから使徒を通して教えられた信仰の教えをはっきりさせ、しっかりと守らせようとする教会の努力の跡が見られます。

もう一つは、大世帯のなか、みんなで心と力を合わせて一つの正しい信仰を生きていくための規律を守らせようとする努力です。十人や二十人の集まりであれば、少し声をかけるだけでなんとかまとまるものですが、数百人、数千人となると、もう「静かにする」とか「一緒に歩く」ということさえも難しくなってきます。信仰や救いなどの次元の高いことだけではなく、日常生活の規律からしてばらばらになってきます。これを何とかしようという努力も、この七つの手紙が特に力を入れている一面です。最初のころのように、キリストの直接の弟子である使徒たちの周囲に、それこそひと握りの信徒が集まって、すぐにでも世の終わりが来るという期待のもとに、すべてをかなぐり捨てて熱烈な愛に生きるという時代は、もう過ぎ去ったのです。

苦しい迫害の洗礼を受けて、なおかつキリストの教会は大きく広がり、発展しました。しかし、それでもう全部うまくいく、何もしなくても神の恵みのもとに教会はスムーズに伸びていくというわけにはいきません。教会はまた改めて、新しい問題と取り組んでいかなければなりませんでした。これからの七つの手紙は、こういう移り変わりを表しています。次々に新しい問題と取り組まなければならない教会、それはまた、私たちの人生でも同じことではないでしょうか。この世に生きる誰にとっても、「もうこれで大丈夫、もう何もしなくてもうまくいく」ということはないのです。

ヤコブの手紙

『ヤコブの手紙』（ヤコブ書）は手紙の形をとっていますが、それは初めの一節だけです。その後はすべて信徒としての信仰生活や社会での実生活についての訓戒や生活の知恵のようなものを集めた内容です。

旧約聖書は、新約聖書の三倍以上もある部厚い本ですが、その真ん中から少し後ろに『詩編』があります。『詩編』に続くのが『箴言《しんげん》』（『格言の書』）です。そこには信仰のことだけではなく、むしろ人が正しく生きていくための生活の知恵が集めてあります。そしてヤコブ書も、これによく似たところがあります。もし何か違いがあるとすれば、ヤコブ書ではほどよくまとめてあってわかりやすいし、読みやすいのです。これは書いた人の力量です。『箴言』にはいろいろな格言が、実に雑然と並べてあります。いくつかの題材に分けて、似たもの、関係のあるもの同士を集めておけば、ずいぶん読みやすいと思うのですが。

不思議なことに、ヤコブ書にはキリストの名が、二度しか出てきません（1・1、2・1）。それが両方とも、ヤコブ書の本体とはあまり関係のなさそうなところなのです。初めの挨拶のところも2章1節も本来の内容からは少し離れています。よく見れば前の文章にもつながらないし、あとの「金の指輪」（2・2）のところとも、それほど関係があるとは思えません。

ヤコブ書には、その当時の教会の人々に対して、どうしてもわかってほしい一つのことがあります。ほかにもいろいろなことが出てきますが、その中心には信仰のことが引っかかっています。「わたしの兄弟たち、自分は信仰を持っていると言う者がいても、行いが伴わなければ、何の役に立つでしょうか」（2・14）。「信仰も……行いが伴わないなら、信仰はそれだけでは死んだものです」（2・17、2・20、2・26参照）。

これはいったい何のことでしょう。この部分で著者はとても興奮して、怒っているようにさえみえます。ことば遣いも荒いのです。「悪霊どももそう信じて、おののいています。ああ、愚かな者よ、行いの伴わない信仰が役に立たない、ということを知りたいのか」（2・19－20）。これは明らかに著者の本音です。

それにしても、ヤコブ書の著者はおもしろい人です。これほどきついことばで言っておきながら、すぐそれに続いて、「言葉で過ちを犯さないなら、それは自分の全身を制御できる完全な人です」（3・2）と言う。また争ってはいけない（4・1－2）、互いに悪口を言うのも、裁くのもいけない（4・11）と言います。その人が、同じ信仰に生きる人たちに向かって、「愚かな者よ」（2・20）と言うのです。しかし、ヤコブ書の著者を悪くとることはできません。それほど激しく言わなければならない事情が当時の教会のなかにあったからです。

それは使徒パウロの教えに対する誤解にあります。パウロは、人が義とされて救われるのは律法を行うことによるのではなくて、イエスを神の子キリスト（救い主）であると信じる信仰によるということを教えています（ローマ３・21－24参照）。つまり、神はその人が立派だからとか、神の前で成績を上げたから救ってくださるということではなく、ただ、ナザレのイエスこそ神の子であり、すべての人を救ってくださる方であると信じる「信仰」によってこそ救われるということです。何をどれだけしなければいけないとか、せめてどれくらいでなければいけないという、入学や入社のための試験のようなものではないと言うのです。だからパウロは、人が救われても、その人は自分の努力で救われたのではないから、自分はよくやったと誇ることはできないと言います。私たちは、自分の救いを自分の力で勝ち取ることはできません。それは初めから終わりまで、すべて神の恵みです。

ここまではいいのですが、そこから「どれだけ悪いことをしていても、信仰さえあれば救われる。だから、もう何をしても構わない」というとんでもない解釈が出てきました。これはこじつけであり、ひどい誤解です。パウロは、「せっかくキリストに救っていただいたのだから、もう以前の救いのない汚れたところへ、逆もどりしないように」と口を酸っぱくして叫んでいます（ローマ12・１－21、13・８～15・６など）。パウロの手紙を少しでも注意して読んでみれば、すぐに間違った考えだとわかるはずですが、誤解のほうがどんどん広がっていきました。教会はそれに相当手を焼いたようです。そしてこれに対応するために、ヤコブ書のような文書を作り、各教会へ送ったと考えられます。ここで、いちばん問題になってくる文章を並べてみましょう。

(1)「人が義とされるのは律法の行いによるのではなく、信仰によると考えるからです」(ローマ3・28)。

(2)「人は行いによって義とされるのであって、信仰だけによるのではありません」(ヤコブ2・24)。

ここには、一見反対のことが言われています。(1)は使徒パウロの文章です。パウロはローマ書のこの個所を自分の信仰の核心として書きました。ふと筆をすべらして書き過ぎたというような軽い文章ではありません。ここにパウロそのものがあります。(2)はヤコブ書の文章です。これを書いた人は、先のローマ書の文章をよく知っていて、しかもパウロがその文章に書かなくても、当然頭のなかで考えていたであろうひと言をはっきり付け加えています。パウロが「人は信仰によって正しい者とされる」と言うとき、当然「信仰だけ」と考えていたでしょう。これは前後の関係やパウロの教え全体からみて明らかなことです。それがヤコブ書では、ちゃんと「信仰だけ」と、「だけ」のひと言が付けてあります。たとえ文章だけのことにしても、パウロほどの人の主張と反対と思われることを書くのですから、それだけ著者はこの文章を相当強い決断をもって書いたであろうことは確かです。

それにしても、これはいったいどういうことなのでしょう。(1)と(2)とは、本当に正反対なのでしょうか。そうではありません。パウロの教えを正しく受け取れば、どうしてもヤコブ書の文章になってきます。つまり(1)をいちばん正しく説明しているのが(2)なのです。実は、パウロの言う「信仰」のなかには、すでにヤコブ書の「行い」が含まれています。そして、パウロの「行い」とヤコブ書での「行い」とは、ずいぶん大きく食い違っています。ことばは同じでも、その意味が違っているのです。

パウロが必要ないと言う「行い」とは、神から人が正しい者とされる（救ってもらう）以前のことを意味しています。その人が立派だから神がその人を救うのであれば、立派でない人は救われないことになります。そうではなく、その反対です。「医者を必要とするのは、丈夫な人ではなく病人である。……わたしが来たのは、正しい人を招くためではなく、罪人《つみびと》を招くためである」（マタイ9・12－13）とまでキリストは言っています。

しかし一度神を信じ、ナザレのイエスが神の子キリストであると信じて救われた（正しいとされた）とき、再びもとの罪の暗闇のなかへ逆戻りするようなことはしてはならないのです。やっと救っていただいたのに、またもとの汚い罪の不幸のなかへ帰っていくようなことはしないようにと、パウロは強く忠告しています（ローマ12・1－21、13・8－6など）。この、救われた者、正しい者とされた人としてのふさわしい、まっとうな生活をすることこそ、ヤコブ書が「行い」と呼ぶものです。

これがおおよそヤコブ書のいちばん大切なところです。それにしても、その当時からすでに、信仰さえあれば神はすべてをゆるしてくださるのだから、どれだけ悪いことをしても構わないというような大それた考え方があったのには驚かされます。しかも、パウロのことばを逆手に取って、パウロが想像もしなかったことを言い出したのです。

教会が初めから、何とかして守り抜こうとした信仰は、神の救いにあずかった人として、自分の生活の全体を自分よりも神と人を大切に愛していくという極めて美しいレベルにまで高めていくための懸命な努力を要求しています。

いくらでもゆるしてもらえるのだから、どれだけ悪いことをしても構わないというのはごまかしです。心の優しさや、愛の実行のことは何も言わずに、ただお供えをするとか、お札をいただく、墓の向きを変える、まじないや祈禱など、果ては印鑑の字の形くらいですませられれば、これほど簡単なことはありません。

しかし、聖書にはそのようなことは一切出てきません。それどころかキリストは、「わたしについて来たい者は、自分を捨て、自分の十字架を背負って、わたしに従いなさい」（マタイ16・24）と大変厳しいことを言っています。このことばに抵抗を感じないでしょうか。みんな、自分を捨てなくてもすむように、また苦しい十字架など背負わなくてもすむように、何とか神さまに助けていただこうと信仰の道へ入るのではないでしょうか。それに対して、このキリストのことばはまるで正反対です。

キリストは、十字架にかけられる前の弟子たちとの最後の食事のときに、もっと厳しいことを言っています。「私を迫害した人々は、あなたたちをも同じように迫害するでしょう。……人々はあなたたちを会堂から追い出すでしょう」（ヨハネ15・19－20、16・2参照）。これはおよそ、今から自分の教えを全世界に広めていこうとする人のことばとはとても思えません。しかし、このキリストのことばの厳しさは、ヤコブ書の厳しさにも通じるものがあるのではないでしょうか。

ペトロの手紙（一）

これも初め（1・1－2）と終わり（5・12－14）だけが手紙の形になっていますが、本体は、説教のような語りかけになっています。全体として、流暢《りゅうちょう》なギリシア語で書かれていますし、旧約聖書の七十人訳を自由自在に引用しているところからみて、これを書いたのは相当な知識人だと思われます。

この書は、はっきりと二つ（1・3～4・11、4・12～5・11）に分かれていて、この二つには微妙な違いがあります。両方ともこの世の苦しみについて書いていますが、第一部は人の日常の苦しみについてで、それがどのようなものであるかは聞く人がそれぞれ自分の胸のなかで思い当たる事柄です。しかも、それは多分に各々の一生のうちで、これから起こってくるであろう苦しみのことです。いわば不特定の、しかし皆が思い当たる、ごく普通の苦しみと言えるでしょう（1・6、3・14、4・4）。

第二部での苦しみとは迫害のことです。「あなたがたを試みるために身にふりかかる火のような試練」（4・12）、「あなたがたの敵である悪魔が、ほえたける獅子のように、だれかを食い尽くそうと探し回っています」（5・8）と言うのですから、迫害はもうすでにキリスト教徒のまわりで荒れ狂っていたのでしょう。しかし、「あなたがたと信仰を同じくする兄弟たちも、この世で同じ苦しみに遭っているのです」（5・9）と、苦しんでいるのは自分たちだけではないのだと諭します。

聖書の専門家のなかには、第一部は当時の教会で行われた洗礼式での説教の引用ではないかという意見もあります。信仰の恵みを受けて洗礼の水によって洗われ、神の子とされる人に、苦しいことがあっても、神の子としてふさわしい生活を生き抜くようにと励ましています。第一部には「今まで」と「これから」を対立させるような個所があります（1・14－15、2・1－2、2・25、4・2－3）が、これも新しい人に生まれ変わる洗礼式にふさわしい語りかけでしょう。

著者は迫害に恐れ苦しむ信徒たちに、まず洗礼のときのことを思い出させ、次に第二部で迫害の苦しみが決して「思いがけないこと」（4・12）ではないと説明します。つまり、洗礼を受けたとき、すでに言われていたことでしょうと言うのです。

生まれて間もない若い教会にとって、迫害とは大変なことでした。身の毛のよだつような、残酷極まりない殺され方がなされるような現実に対して、教会はこういう文書を回してひたすら耐え抜こうとし（4・12－13、5・9－10）、見事にそれを成し遂げたのです。

ユダの手紙

教会が初めから闘わなければならなかった大きな問題の一つは、グノーシスの教えでした。この手紙は、教会のなかへ入りこんできたグノーシスの教えとそれを教える人たちを警戒し、用心するようにというお触れ書きのようなものです。

正直なところ、このグノーシスがどういう教えであったのかはその文書がほとんど残っておらず、またそれに立ち向かう側の文書（例えば『ユダの手紙』やパウロの手紙など）にも理論の面での反論がほとんど出てこないため、あまりはっきりしていません。つまり相手の説の間違っている理由を挙げて説明するのではなく、別の二つの面から反対しているのです。

その一つは、相手の不信心な生き方を突いていることです。「あの人たちのしていることを見てください。彼らの生活はふしだらで、不平ばかり言い、欲望のままに振る舞っています。あんな人たちに迷わされてはいけません」（4−16節参照）。もう一つは、「主イエス・キリストの使徒たちが前もって語った言葉を思い出しなさい」（17節）、そうすれば相手の説が間違っていることがわかるでしょうと、使徒たちの教えを思い出させて反論します。

この二ついずれの反論からも、いったい相手がどういうことを言っていたのかがほとんどわかりません。しかし、この手紙の様子から見ても、グノーシスの異説は当時の教会のなかで、すでにたくさんの人に影響を与えていたようです。「疑いを抱いている人たちを憐れみなさい。ほかの人たちを火の中から引き出して助けなさい。また、ほかの人たちを用心しながら憐れみなさい。肉によって汚《けが》れてしまった彼らの下着さえも忌み嫌いなさい」（22−23節）。これは、もう五人や十人のことではありません。

グノーシスに対する、教会の反論は初めに述べた通りです。その人たちは「不信心」で「主であるイエス・キリストを否定し」（4節）、「夢想家」で「身を汚し、権威を認めようとはせず、栄光ある者たちをあざけるのです」（8節）。「分別」がなく「本能的」で、「金もうけ」に走ります（10−11節）。「食事に割り込み」、わが身を養っています（12節）。「自分の運命について不平不満を鳴らし、欲望のままにふるまい、大言壮語し、利益のために人にこびへつらいます」（16節）。こういう人たちだから注意するようにと言うのです。

ただ、こういう文書の場合、その人たちが本当にここに書いてある通りのひどい人たちであったのかどうか、これを早急に判断することはできません。そういう相手に対しては厳しく、批判的な物言いになりがちだからです。特に相手がみんなの前で、ことさら熱心でまじめな信徒として振る舞っているにもかかわらず、それでも間違っていると言おうとすれば、どうしても欠点を見つけ出してあばくことになります。そして、これをみんなが納得するように言おうとすれば、誇張も少しくらいは入ってくるでしょう。これは、普通の人間の世界では避けることのできない、「言い過ぎ」のようなものであるかもしれません。

第16講　全キリスト者への手紙（2）

ペトロの手紙（二）

前講で『ペトロの手紙（一）』の説明をしました。順序からいえば次に『ペトロの手紙（二）』が来るはずですが、その前に『ユダの手紙』の説明をしました。これは『ペトロの手紙（二）』の2章が、ほとんど『ユダの手紙』から取られているからです。また、同じ「ペトロ」という名前がつけられていますが、第一と第二の手紙を読み比べてみると、書いた人が同じだとはとても思えないようなところがあります。

この手紙の書かれた時期

この手紙がいつ書かれたのかは記載されていないので、手紙の内容や様子から探るよりほかに手立てはありません。そしてそのようにみる限り、新約聖書に収録されている文書のなかでも後半に書かれたものの一つではないかと思われます。

3章4節には、「主が来るという約束は、いったいどうなったのだ。父たちが死んでこのかた、世の中のことは、天地創造の初めから何一つ変わらないではないか」という文章があります。キリストの弟子たちは、世の終わりがもうまもなく来ると教えました（一コリント15・50－54）。ところが、世の終わりなど来そうもなく、それにしびれを切らした人たちがこのように言い出したのです。

この手紙は、何か予言のような体裁をとって書かれています。将来きっと、こういうことを言い出す人が出てくるだろうが、その人たちは大事なことを見落としているのだから、そのときには注意するようにと言っています（3・3－7）。こう考えると、このペトロの第二の手紙は、「世の終わりはまだ来ない、どうもおかしい」という声が、教会のなかで相当に広くささやかれるようになってから書かれたとしか思えません。このようなところから、一つの文書の書かれた年代がおおよそわかってくるのです。

世の終わりについての論争

ペトロの第二の手紙が書かれた時点では、もうすでに、どこの教会にも、パウロの手紙を集めた「手紙集」のようなものがありました。「(兄弟パウロは)どの手紙の中でもこのことについて述べています」(3・16)と言うとき、この「どの手紙の中でも」とは二つや三つの手紙だけのことではないはずです。さらにその上に、旧約聖書でもなく、パウロの手紙でもない「他の聖書」を思わせる「聖書のほかの部分……」(3・16)という表現が出てきます。つまり、この時代にはすでに、私たちが今持っている新約聖書の始まりとも言えるような文書類があったと推測されます。実は、このペトロの第二の手紙が書かれた理由は、この新約聖書の始まりのような文書類(以後、これを「聖書」と呼びます)の内容の解釈について、意見の対立があったからです。

問題は、世の終わりが来ないというところから起きてきました。それについて、意見が二つに分かれたのです。一つは「欲望の赴くままに生活してあざける者たち」(3・3)が言う、「世の終わりなどは来ない」というもので、これはグノーシス派の人たちの意見です。これに対して教会側は、「確かに世の終わりは来る」と言います。

これだけならありふれた論争で、あまりたいしたことではないのですが、もう一つ困ったことに、双方とも聖書をもとにして自分たちの説を主張しているのです。聖書はあくまでも同じものなので、それをもとにまったく正反対の二つの解釈が持ち出されてきました。相手が聖書に書いていないようなことを言うのなら問題は簡単です。こちらの説を裏書きするような聖書の個所を示しながら、相手が納得するように何とか話し合えばよいわけです。しかし、相手のほうも同じように聖書を持ち出して、「ほら、この通り」と言ってくる。いったい、どうすればよいのか。

ペトロの第二の手紙は、この困った問題に対して教会側から出された答えだと言えます。まず初めに聖書、特に「兄弟パウロが……書き送ったこと」（3・15）のなかには、「難しく理解しにくい個所があって、無学な人や心の定まらない人は、それを聖書のほかの部分と同様に曲解し、自分の滅びを招いています」（3・16）と言います。つまり、聖書にはわかりにくくて難しいところもあるから、曲解して、まるで見当違いのことを言い出す人もあり得ると言うのです。

ここで間違った解釈をする人たちを、初めから「無学な人や心の定まらない人」と言い切っていますが、これはとても一筋縄ではいかない手ごわい相手を前にして、思わず口に出た激しいことばではないでしょうか。

次に、「聖書の預言は何一つ、自分勝手に解釈すべきではない」と教えます（1・20－21）。それでは、どのように解釈すればよいのでしょうか。一つの同じ聖書でいくつかの違った解釈が出てきた場合、そのうちのどれが正しいのかということについて、この手紙の著者はその基準を二つのことに置きます。すなわち、一つは教会の権威であり、もう一つは教会の伝統です。

教会の権威とは、神から特別に選ばれた使徒としての権威です。「わたしたちは巧みな作り話を用いたわけではありません。わたしたちは、キリストの威光を目撃したのです」（1・16）。あの人たちではなく私たちこそ、この耳で神の声を聞き、この目で主イエスの誉れと栄光を見た

（1・17－18）と言うのです。

「わたしたちには、預言の言葉はいっそう確かなものとなっています」（1・19）。これこそ教会の伝統です。手紙の著者は、それは「自分勝手に解釈すべきではない」（1・20）し、それが正しくわかるためには、まず「記憶を呼び起こして、純真な心を奮い立たせ」（3・1）ることが必要だと考えています。

しかし、「純真な心を奮い立たせて」何を思い出すのかは、次の節に出てきます。「聖なる預言者たちがかつて語った言葉と、あなたがたの使徒たちが伝えた、主であり救い主である方の掟を思い出してもらうためです」（3・2）。

大まかに言えば、以上が聖書の解釈についての当時の教会の教えです。グノーシスの人たちは「世の終わりなど来るはずがない」と聖書をもとに言ってくるが、そんなことは聖書の勝手な解釈に過ぎない。私たちこそがキリストの本当の弟子として、神から直接に教えを受けて、それをそのまま大切に伝えてきている。つまり、私たちの解釈こそ正しいと言うのです。

偽教師

この手紙は聖書の間違った解釈をする、つまり「曲解する」人たちのことを相当に厳しく叱責しています（2章）。この2章は、全体にわたって聖書における世の終わりについての議論ではありません。相手の倫理的な欠点を挙げて、そのような人たちの主張は信じるに値しないと言っています。しかも、彼らのことを、みだらで欲深く、うそと偽りで人々を食い物にし、権威を侮るなど、強烈に批判しています。あまりにも厳しい物言いですが、これも「使徒的怒り」と呼んでいいものでしょう。

主の日は盗人のようにやってくる

「主が来るという約束は、いったいどうなったのか。何も変わっていないではないか」（3・4参照）という疑問に対して、教会は回答をしなければいけません。著者はこれを3章で述べています。

「主は約束の実現を遅らせておられるのではありません。……一人も滅びないで皆が悔い改めるようにと、あなたがたのために忍耐しておられるのです」（3・9）。すなわち、本当は神も、すぐにでも世を終わりにすることがおできになる。しかし、もう少し時間があれば回心して救われると言う人がいるから、忍耐して待っておられる。まだ世の終わりにならないのは、こうした神の温かな思いやりによるもので、一人でも多くの人が回心できるように、日延べをしておられるのだという説明です。

著者は、「主の日は盗人のようにやってくる。いつ来るか、来てみなければわからない」と言います。終わりの日が近づくにつれて何か不思議なことが起こってくるのではなく、誰も知らないうちに突然「天は激しい音をたてながら消えうせ」（3・10）、そのときすべては滅びるのです。「天は焼け崩れ、自然界の諸要素は燃え尽き、熔《と》け去る」（3・12）。そしてそのとき、「地とそこで造り出されたものは暴かれてしまいます」（3・10）。著者はそこから、「あなたがたは聖なる信心深い生活を送らなければなりません」という結論を引き出します（3・11）。

「主のもとでは、一日は千年のようで、千年は一日のようです」（3・8）と、この世の千年は神にとってはただの一日に過ぎないと言います。実はこういうところに、当時の教会の新しい覚悟のようなものがみられます。

普通、「まだ来ないのか」と言われれば、「もうすぐ来るのだから、もう少し待ってくれ」と言い、「確かに今までは来なかった。しかし、もう少しだけ、もうちょっと待てば必ず来るのだから」となだめるでしょう。ところが、ここでは反対に「この世の千年でも、神のもとではたったの一日に過ぎない」と言います。これは、たとえ千年や二千年待って、それでもまだ世の終わりが来ていないということになっても、神にとっては一日か二日だけのことでしかないということでしょう。教会はこの時点で、「世の終わりはもうすぐ」と言うことをやめたのです。そその代わりに、「その日がいつになるかはわからない」と言い始めます。教会はこのとき、たとえ千年、二千年、またそれ以上であるとしても待つことにしようと、すでに覚悟を決めていたのです。これは並大抵のことではありません。

「神のもとでは千年は一日」と言うよりも、「もう少しだから、何もかもかなぐり捨てて、とにかくがんばれ！」と言うほうが易しいのです。百メートル競走だとゴールは目の前にあるので、何も考えずにただ走るだけです。しかし、これが長距離のマラソンになると、そうはいきません。がむしゃらに走ると力が続かず、途中でダウンするだけです。マラソンのときは自分の体の調子や疲れ方、またこれから走るコースのことなどを全部考えながら、とにかく最後まで続くように力を出していかなければなりません。しかも、知らず知らずのうちに焦ってくる自分の気持ちを静かに落ち着けて、ただひたすらに耐え抜いていくのです。それは、いつ終わるとも知れない遠い道のりを、自分との孤独な闘いのうちに、ただ走っていくことでもあります。

このペトロ第二の手紙が書かれたとき、すでに教会は、この世の長い道のりをいつまでも、どこまでも走り抜こうと決意を固めていました。それがどうしてわかるのかといえば、この手紙あたりから、この世のなかでの長い年月を、どうしても持ちこたえようとする教会の意気ごみのようなものが見えてくるからです。

まず2章です。パウロも手紙のなかで、やはり相当目に余る人たちのことを非難していますが、それはずいぶんあっさりした言い方です（例えば二コリント2・5－11）。パウロは、彼らを非難するというよりも、「しなさい」「愛しなさい」と勧めています。それは、世の終わりがもうすぐ来るという前提で、愛の実践に重点を置いているからです。しかし、ペトロは相手を強く非難しています。これはどういうことでしょうか。

それは、教会自体の重心がこの世のほうへ移ってきたからです。それまでは、この世はすぐにでも終わると思っていたのに、ペトロの第二の手紙の時点で、当分は世の終わりになりそうもないという現実を受け入れなければならなくなってきました。そこで教会は改めて、この世での信仰生活を長く続けることへの「教え」や「指導」を確立させなければならなくなったのです。

実際に、そういう言い方が目につきます。「きずや汚《けが》れが何一つなく、平和に過ごしていると神に認めていただけるよう励みなさい。……主の忍耐深さを、救いと考えなさい」（3・14－15）。「救い主イエス・キリストの恵みと知識において、成長しなさい」（3・18）。この「成長しなさい」というところにも、これから先、長く続く人生という前提が感じられます。

当時のローマ帝国下での退廃的な風俗といかがわしい迷信がはびこるなかで、清い信仰生活を一生にわたって守り続けなければならないという必要に駆られるからこそ、2章のあのくどいまでの「汚れた生活への非難」が出てきたのではないでしょうか。

『ヨハネの手紙』と呼ばれるものは三つあります。第一がいちばん長いもので、これは手紙とは言えず、語りかけのようなものです。第二と第三は、スタイルから見て本物の手紙でしょうが、とても短く書かれています。

この三つの手紙は、本来なら『ヨハネによる福音書』と一緒に、まとめて読むべきものです。聖書のなかで、この四つをまとめた「ヨハネ群書」とでも言えるものは一つになって、他の書き物には見られない、特に大切な役割を果たしています。この役割は、ヨハネ福音書を除いたこの三つの手紙だけからはあまりに短すぎて、はっきり理解できません。そのため、これからこの手紙を読んでいくときも、できるだけヨハネ福音書を考慮に入れていきたいと思います。

神はこのヨハネ群書において、私たちに何を言おうとしておられるのでしょう。それは、単にキリスト教徒だけではなく、人間そのもののこの世界に生きる意味のようなものを教えるところにあります。

これまでは、世の終わりは近いと言われてきました。こういう場合、人は今のことをかなぐり捨てても、これから来ることに期待と希望のすべてを懸けてがんばります。ところが次第に、人はキリスト教徒としても、この世をまともに生き抜かなければならないと考えるようになります。とにかく当分は、この地上の生活に耐えなければならないのです。当時も今も、人の一生の道のりは長く険しいことに変わりはありません。その上、信仰を守りながら清く貫く生きなければならないのですから、これは本当に大変なことです。

このような状況下、ヨハネ群書は一団となって、光と希望、勇気と慰めを与えようとします。これは次の二つの時点の橋渡しのようなものです。まず、神の子キリストへの信仰に目覚めて回心したときから、この世での生活の終わりまでの長い道を歩く一人ひとりの信徒に、勇気と慰めを与えています。人々は、「回心してからも、長期にわたって罪の誘惑と危険に満ちたこの世に残らなければならないのか。もうすぐ世の終わりが来ると思っていたときは、そういうことは考えなかった。すぐにでも天国へ行ければ、すべては楽に片づくのにと思っていた」と考えていました。これに対して、ヨハネ群書はおおよそ次のように教えます。

兄弟を愛しなさい

「世も世にあるものも、愛してはいけません。世を愛する人がいれば、御父への愛はその人の内にありません。なぜなら、すべて世にあるもの、肉の欲、目の欲、生活のおごりは、御父から出ないで、世から出るからです。世も世にある欲も、過ぎ去って行きます。しかし、神の御心《みこころ》を行う人は永遠に生き続けます」(一ヨハネ2・15－17)。

それでは、「神の御心」とは何でしょうか。それが「兄弟を愛する」ということです。このことは初めから終わりまで繰り返されます(一ヨハネ2・9－11、3・11－18、3・23、4・7－12、4・

19－21、二ヨハネ5－6)。

神が私たちを愛してくださったから

神の御心にかなう生き方とは、神の掟《おきて》を守ることです。

「わたしたちは、神の掟を守るなら、それによって、神を知っていることが分かります。『神を知っている』と言いながら、神の掟を守らない者は、偽り者で、その人の内には真理はありません。しかし、神の言葉を守るなら、まことにその人の内には神の愛が実現しています。これによって、わたしたちが神の内にいることが分かります。神の内にいつもいると言う人は、イエスが歩まれたように自らも歩まなければなりません」(一ヨハネ2・3－6)。

では、その神の掟とは何か。著者は二つのことを言います。まず初めに、神の十戒を守ることです(同2・7)。しかしここで著者は、それ以上にイエスの新しい掟のほうを言いたいのです。

「わたしは新しい掟として書いています。そのことは、イエスにとってもあなたがたにとっても真実です。闇が去って、既にまことの光が輝いているからです。『光の中にいる』と言いながら、兄弟を憎む者は、今もなお闇の中にいます。兄弟を愛する人は、いつも光の中におり、その人にはつまずきがありません。しかし、兄弟を憎む者は闇の中におり、闇の中を歩み、自分がどこへ行くかを知りません。闇がこの人の目を見えなくしたからです」(同2・8－11)。

人はきょうだいを愛する、つまり互いに愛し合うためにこそ、この地上に生き残っているのだと言うのです。では、なぜそういうことが言えるのか。もちろん、愛に生きるというのは、美しく清らかな生き方に違いありませんが、何もそこまでしなくても、悪いことさえしなければ、人は自分の満足のために生きてもよいのではないでしょうか。これに対して、ヨハネ群書は口をそろえて反対します。

「神がまずわたしたちを愛してくださったからです」(同4・19)。「神は、独り子を世にお遣わしになりました。その方によって、わたしたちが生きるようになるためです。ここに、神の愛がわたしたちの内に示されました。わたしたちが神を愛したのではなく、神がわたしたちを愛して、わたしたちの罪を償ういけにえとして、御子をお遣わしになりました。ここに愛があります」(同4・9–10)。

ここが大切なところです。著者はキリスト教そのものを突きつけてきます。神がこれほど私たちを愛してくださることを知らないときならば、人は悪いことさえしなければ、それこそ適当に自分の満足のために生きればよかったでしょう。しかし、神の子キリストが私たちのためにいのちまでささげてくださった以上、もうそうはいかないと言います。ここに次の文章の重みがずっしりと来ます。「神がこのようにわたしたちを愛されたのですから、わたしたちも互いに愛し合うべきです」(同4・11)。これ以外に人の生きる道はないと言います。

さらに著者は「いまだかつて神を見た者はいません」（同4・12）とはっきりと言いながら、その神と結ばれているという保証はどこにあるのでしょう。実は、神と結ばれ、神のいのちにあずかっているという確かな証拠は、互いの愛なのです。

「わたしたちが互いに愛し合うならば、神はわたしたちの内にとどまってくださり、神の愛がわたしたちの内で全うされているのです」（同4・12）。「神は愛です。愛にとどまる人は、神の内にとどまり、神もその人の内にとどまってくださいます」（同4・16）。

そして、この互いに愛することこそ神の恵みであり、神からの掟であると言います。

「『神を愛している』と言いながら兄弟を憎む者がいれば、それは偽り者です。目に見える兄弟を愛さない者は、目に見えない神を愛することができません。神を愛する人は、兄弟をも愛すべきです。これが、神から受けた掟です」（同4・20－21）。

第17講　ヨハネの黙示録

「見る」と「聞く」

『ヨハネの黙示録』は、聖書のいちばん最後に収録されているものです。最初に、これがどのようにして書かれるようになったか、そのいきさつが説明してあります。「神がその僕《しもべ》たちに示すためキリストにお与えになり、そして、キリストがその天使を送って僕ヨハネにお伝えになったものである」（1・1）。そしてこの全体は、幻のなかで「見たことを……書き留めよ」（1・19）とうながされて書かれたものです。その幻のなかで見たこととは、「今あること」「今後起ころうとしていること」（同）です。

しかし、それを書くように命じているのは神の子イエス・キリストです。「わたしは最初の者にして最後の者、また生きている者である。一度は死んだが、見よ、世々限りなく生きて……いる」（1・17－18）。さらに、このヨハネが幻のなかに見ている神の子キリストの姿は、神秘に満ちています。決して貧しい大工の子の姿でも、皆から、あざ笑われながら十字架にかけられて死んだ、哀れな罪人《つみびと》でもありません。

「七つの金の燭台（七つの教会を象徴している）が見え、燭台の中央には、人の子のような方がおり、足まで届く衣を着て、胸には金の帯を締めておられた。その頭、その髪の毛は、白い羊毛に似て、雪のように白く、目はまるで燃え盛る炎、足は炉で精錬されたしんちゅうのように輝き、声は大水のとどろきのようであった。右の手に七つの星を持ち、口からは鋭い両刃《もろは》の剣が出て、顔は強く照り輝く太陽のようであった」（1・12－16）。

このように、黙示録には幻がたくさん出てきます。むしろ初めから終わりまでほとんど幻ばかりと言ってもよく、幻を「見た」という言い方がたびたび出てきます（4・1、5・1、5・11、6・1、7・1、10・1、14・1、14・14、15・1－2、15・5、17・3、17・6、18・1、19・11、19・17、19・19、20・1、20・4、20・11、21・1、22・8）。

しかし、黙示録には「見た」ことだけが書いてあるのではなく、そこには大きな声や音がいつも鳴り響いています。それで、「聞いた」とか「言われた」という言い方も、繰り返し出てくるのです（1・10、1・17、2章と3章の全体は聞いたこと、4・1、4・8、4・10、5・9－13、6・5－7、6・10、7・2－3、7・10、7・12－17、8章と9章のラッパの響き、10・3－11、11・1、11・15、12・10、

黙示録を著すパトモス島のヨハネ
（ヒエロニムス・ボス、1489年ごろ、
ベルリン美術館）

14・7－13、14・15、15・3、16・1、16・5、16・17－18、17・1、17・7－18、18・2、18・4、18・10、18・19－24、19・1、19・5－10、19・17、21・3－9、22・6－13）。

これほどたくさんの個所を挙げたのは、黙示録に「幻を見る」とか、そこで「声や音を聞く」という表現がこんなにも多く出てくるということを頭に入れておいていただくためです。こういうところで黙示録の全体としての様子を感じ取ってくだされば、あとは少しずつ読んで、親しんでいくことができるようになるからです。

結局、黙示録を読む人は、ヨハネが見て、聞いた幻に出会うわけです。そこにはこの地上で見たり聞いたりすることのできない、不思議なことばかり出てきます。

その幻の内容については三つの説明がつけてあります。

⑴ すぐにも起こるはずのこと（1・1）

⑵ 今あること（1・19）

(3) これから起ころうとしていること(同)

ヨハネはこういうことを見て書き留めたのです(1・19)。しかし、実際に黙示録のなかで繰り広げられているのは世の終わりのことで、私たちはこれを「終末」と呼んでいます。黙示録は、終末が、いつ、どこで、どのように起こるかを予告するのではありません。もっと決定的に、キリストの最終的勝利を示しているのです。この世界が終われば、私たち人間の運命はどうなるのか、それを予告するのです。

黙示録への期待

私たちは「予言」とか「お告げ」と聞くと、何か期待のようなものを感じます。この世ならぬ神秘の世界では、この世のことがみなわかっていて、私たちは、それをある方法(おまじないや祈禱、霊感など)によって、確実に知ることができるという望みのようなものです。

実際、私たちのなかに、将来のことが確実にわかればいいのにという気持ちがあることは否定できないでしょう。例えば、テストの前の子どものように、どういう問題が出るのか、前もって確実にわかれば、試験の苦労はなくなります。株や競馬などでも同じことです。もっとも、どの株が上がるのか、どの馬が何着になるのか、それがみんなにわかってしまえば、もう株でも競馬でもなくなってしまいます。でも、ほかの人にはわからずに、自分にだけわかるのであれば！

秘かに、自分にだけ将来のことがわかるという、そんな甘い期待は誰の心のなかにも少しくらいはあるものです。仕事や商売の世界でも何が当たり、何が成功するのかが前もってわかれば、ずいぶんやりやすいでしょう。でも、自分一人だけにわかって、ほかの人にはわからないところに、そのうまみがあるのです。

こういう期待は、黙示録のような形の文書をたくさん生み出してきました。『ヨハネの黙示録』は、決してそれまではまったく存在せず、突然この世に現れたような文書ではありません。聖書には、確かに他に類を見ない世界でただ一つだけしかないというものがあります。それは四つの福音書です。しかし黙示録は、それまでも同じような種類のものが山のようにあって、それをもとにして書かれています。

特にユダヤ教のなかには、この『ヨハネの黙示録』のようなものがたくさんあり、それらにはアブラハム、モーセ、ダニエルなど、イスラエルの民の偉大な先祖の名前がつけてあります。このなかではダニエルのものがいちばん古く、また、これだけが旧約聖書に収録されました。旧約聖書におけるダニエル書以外の黙示といえば、イザヤ書の一部分だけです（24～27章）。

ごく小さく、貧しい民族であったイスラエルの民は、絶えず周囲の強大な民族から抑えつけられながら、それに耐えるしか生きる道はありませんでした。そのため将来の希望と慰めを不思議な形で約束する、天上からの予言や黙示のようなものがどうしても必要だったのでしょう。今は苦しいけれども将来はよくなる。むしろ今の苦しみこそ、きっとよくなるための証拠なのだ。そのときこそ、今大きな顔をして自分たちを苦しめている者たちを見返すことができる。こういう「世の終わり」についての予言やお告げは、明るく甘い響きをもって、今、現に苦しんでいる人々の心を快く打つに違いありません。

黙示録についての誤解

今見たように、世の終わりについての黙示を扱う文書のなかには、弱い人間が苦しいときに抱くいろいろな気持ちが入り混じっているので、それを読む場合にはよく注意しなければなりません。よほど注意しないと、著者の意図しなかったことを読み取ることにもなりかねないからです。聖書にある文言を誤解すれば、神の声は聞こえなくなってしまいます。

予言に関する誤解

これは先に、株や競馬のことを例に挙げて考えてみたところです。いわば、自分だけ楽をして、自分だけ得をしたいという、弱い人間の道ならぬ夢のようなものです。

しかし、ここによく考えてみなければならないことがあります。まず、将来のことが確実にわかれば、本当に得をするのでしょうか。どうしてもそうは思えません。ある人の人生が、生まれたときからすでにこうなるとはっきりわかっているとしたら、その人にとっての将来への夢や希望は湧いてくるでしょうか。何でもあらかじめはっきりわかるのであれば、実験や研究などに意味はなくなってしまうでしょう。ミステリー小説やテレビのドラマなどでも、初めから結末がわかっているなら、そもそもそれらに興味は持てないでしょう。スポーツ大会でも、誰がどのくらいの記録を出して、何着になるのかが全部わかっているなら、観戦してもおもしろくないし、もちろんオリンピックなどもなくなるでしょう。前もって、将来起こるべきことがすべて確実にわかるようになれば、この世界は止まってしまいます。誰も何もする気がなくなってしまうからです。

しかし、私たちには、先のことは何一つわからないのでしょうか。恐らく、さまざまな経験を重ねていくうちに、ある程度まではわかってくるのではないでしょうか。わかるからこそ「人生は厳しい」とも言うことができると思います。そこに欲を出して、自分だけ楽をして、自分だけ得をしたい、そのために自分だけ何か先のことを知りたいということになると、結局は何もわからなくなってきます。人間はそういうところまでわかるようにできていないし、わかる必要もないのです。

さて、黙示録にも、これから起ころうとしていることが書き記してあります（1・19）。しかし、それはこの世のことが次から次へと、まるで鉄道の時刻表か仕事のスケジュール表のように、順序正しく並べてあるということではありません。まして、それを知っていれば大変得をするというようなことが書いてあるのでもありません。したがって、もし読む人が黙示録のなかに、そういうありもしない勝手な話を期待しているのであれば、それは当然、誤解をしてしまうという悲しい結果になってきます。書いてないことを、勝手に読み取ろうとしているからです。

報いに関する誤解

黙示録には、天の国の輝きと喜びが幻のなかでいとも美しく繰り広げられています。「碧玉《へきぎょく》や赤めのうのようであり……エメラルドのような虹が輝いていた。……白い衣を着て、頭に金の冠を……水晶に似たガラスの海」（4・3－6）。

しかし、天上の美しさとは反対に、終末のときに、この地上に繰り広げられる苦しみは、まことに不気味です。ぞっとして、身の毛のよだつようなところがあります。

「青白い馬が現れ、乗っている者の名は『死』といい、これに陰府《よみ》が従っていた。彼らには、地上の四分の一を支配し、剣と飢饉《ききん》と死をもって、更に地上の野獣で人を滅ぼす権威が与えられた」（6・8）。「太陽は毛の粗い布地のように暗くなり、月は全体が血のようになって、天の星は地上に落ちた」（6・12－13）。「海の三分の一が血に変わり……〔川の〕水の三分の一が苦《にが》よもぎのように苦くなって、そのために多くの人が死んだ」（8・8－11）。

こういう恐ろしい記述の個所は、ほかにもたくさん出てきます（9・1－21、16・1－21、19・11－21、20・7－15、21・8）。

そこでは、神の怒りが極みに達し（15・1）、その結果、七つの災害が地上に降りかかってくるのです。悪人たちに、「悪性のはれ物ができた。……海は死人の血のように」（16・2－3）なったのですが、天使が出てきて、「それは当然なこと」（16・6）だと言います。

それにしてもひどい苦しめようです。第五の天使のラッパのところでいなごが出てきて、悪人を苦しめますが、いなごには人間を殺すことが許されていません。それで五カ月の間、さそりが人を刺したときのような苦しみにさいなまれ、人は死を望むが、死はその人たちから逃げていく（9・1－6）。これは、悪いことをして、悔い改めることをしなかった人たち（9・20－21）への、神の正しい「裁き」であり、「当然なこと」だと言います（16・5－6）。それで神は「怒り」を現し、「地を滅ぼす者どもを／滅ぼされる時」が来ます（11・18）。

ただ、この「当然なこと」が非常に厳しいのです。これではまるで、悪人たちが死ぬほどの苦しみを五カ月間も経験し、それでも死に切れずに転げ回っているのを天上から神と天使、善人たちが見下ろして、楽しんでいるように見えないでしょうか。実はここに、黙示録を読む人の誤解があります。それは、悪人と思いこんだ相手に対して、人の心の奥底に動く、憎しみのようなものです。また、身に覚えのないことで苦しめられるとき、仕返しの気持ちが強く働きます。これは、私たち弱い人間にとって、ごく自然で当たり前の心の動きです。

しかし、いくら自然だといっても仕返しをして、それによって気を晴らすというのはどうでしょう。つまり、自分が不当に苦しめられて損害を受けたのだから、相手を同じくらいに痛めつけて、その苦しみを見て気を晴らすというのは、すでにまともではありません。キリストも仕返しを厳しく禁じ、そういうことには何の意味もないと言っています（マタイ5・38－42、ルカ6・27－

第5のラッパの災いでは、人面にさそりのような尾を持ついなごが人に害を加える（エル・エスコリアル・ベアトゥス写本、10世紀末ごろ、スペイン）

35など)。

黙示録ではいろいろな災害が、神のほうから悪人に対して降りかけられます。恐ろしい罰ですが、それは「真実で正しい裁き」(15・3－4、16・5－7、19・2)なのです。もしこれを、悪いことをしたのだから、どれだけ罰せられても、それは「当然の報い」というように取るとすれば、それこそ、その瞬間に正義ではなくなります。納得できないかもしれませんが、ここのところをよく考えてください。悪人がその悪行の報いとして恐ろしい苦しみを受ける。これは当たり前だとしか思えない。しかし、その次です。それでは、「報い」として悪人を苦しめ、そこでいったい誰が得をするのでしょう。これが難しいところです。例えば、以前にあの人が私を苦しめた報いとして、今度はその人が神から苦しめられる。それで私は得をするでしょうか。少し考える人なら、もう自分は構わないから、この人をゆるしてほしいと、神さまにお願いするでしょう。

「溜飲《りゅういん》が下がる」という言い方がありますが、『広辞苑』によれば「胸がすっきりして気持ちがよくなる。不平、不満が解消して気分が落ち着く」ことです。しかし、天国で神の限りない愛を心いっぱいに受けて、幸福の極みにある人が、以前から知っていた人が目の前でもだえ苦しむのを見て、「いい気味だ」と気持ちがよくなるでしょうか。まして神ご自身に、悪人を恨んで、「五カ月間、死ねないようにしておいて、苦しめて苦しめて、苦しめ抜かなければ、気持ちが収まらない」というようなことがあるでしょうか。神の正義とは、そのようなものではありません。

パウロによれば、神の子キリストは、悪人の救いのためにこそ、ご自分のいのちまで投げ出されたのです（ローマ5・6－8）。キリストもはっきりおっしゃいました。「わたしが来たのは、正しい人を招くためではなく、罪人《つみびと》を招くためである」（マタイ9・13）。

こういうことを全部考え合わせると、黙示録に出てくる罪の報いとしての大いなる災害と苦しみを、そう簡単に「当然なこと」と受け取ることはできません。それは弱い人間の、ごく子どもじみた正義感を満足させるものであるのかもしれません。しかし、「悪いやつが苦しみの罰を受ければ、胸がすっとする」というのは、どうしても神の愛に生かされた人間の、健全な気持ちだとは思えません。「神の報い」とか「正義の裁き」とは、そういう弱い気持ちとはまったく違う、別のものだからです。

迫害と栄冠

黙示録はおおよそ四つの部分からできています。

(1) 七つの教会への手紙（2～3章）

「耳ある者は、〝霊〟が諸教会に告げることを聞くがよい」（2・7）。

(2) 来るべき裁きについて（4～11章）

「その後、わたしが見ていると、見よ、開かれた門が天にあった」（4・1）。

(3) キリストとその教会の戦いと勝利（12〜18章）

「大バビロンが倒れた」（14・8）。

(4) 最後の勝利（19・1〜22・5）

「新しい天と新しい地……新しいエルサレム……神が人と共に住み、人は神の民となる。神は……彼らの目の涙をことごとくぬぐい取ってくださる。もはや死はなく、もはや悲しみも嘆きも労苦もない」（21・1-4）。

黙示録は、完全な手紙の形ではないにしても、当時のローマ帝国でのキリスト教徒に対する迫害に苦しんでいる人々を慰め励ますために書かれたもので、不特定多数の人に向けて書かれてはいません。

「わたしは、あなたがたの兄弟であり、共にイエスと結ばれて、その苦難、支配、忍耐にあずかっているヨハネである」（1・9）。

そして著者は、次のように、世の終わりが近いと繰り返します。

「すぐにも起こるはずのこと」（1・1）。「時が迫っている」（1・3）。「すぐにも起こるはずのことを……示された」（22・6）。「時が迫っているからである」（22・10）。

迫害という厳しい運命に恐れおののく人々に、著者は最後の決断を呼びかけます。

「耳ある者は、聞け。／捕らわれるべき者は、／捕らわれて行く。／剣で殺されるべき者は、／剣で殺される。／ここに、聖なる者たちの忍耐と信仰が必要である」（13・9－10）。

この呼び声を聞くとき、迫害がいかに残酷で恐ろしい出来事であったかが響いてきます。そして、黙示録の全体はこの最後の決断への呼びかけであると言っても差し支えありません。

13章の初めに、十本の角と七つの頭のある獣《けもの》のことが出てきます。獣は、四十二カ月の間、神に背いて暴れ回る恐ろしい力が与えられています。そして、全世界を支配するようになり、地上に住む者は皆、この獣を礼拝します。当時の教会の人は、この文章を読んでどう思ったでしょう。何か遠い将来、世の終わりのときにでも、こういう獣が出てくると思ったでしょうか。そうではありません。今現在、自分たち信徒を迫害している残酷この上もないローマ帝国の姿をそのなかに見ていたのです。七つの頭とは、明らかにローマを取り巻く七つの丘のことです。

全世界を支配する強大なローマ帝国という「獣」の手に捕らわれて、剣で殺される。しかし、それを耐え忍ぶところにこそ信仰があると言うのです。黙示録に出てくる奇々怪々な出来事は、遠い将来のことを言っているのではありません。現在、目の前で起こっている生々しい迫害そのものです。当時の信徒はこれを読んで、自分の身のまわりのこと、自分の明日の死を読み取っていました。それを最後まで耐え忍ぶところに、信仰のよりどころがある（13・10）という声を聞いていたのです。

14章には、獣の刻印を自分の身に受け、その像を礼拝する者が、神の怒りに触れ、「火と硫黄で苦しめられることになる。その苦しみの煙は、世々限りなく立ち上り」（14・10－11）とあります。しかし、実際に当時の人が、これを読んで思い浮かべたものは、神の罰の火ではありません。現にそのとき、町の真ん中では、キリスト教徒を生きたまま焼く「火と硫黄の苦しみの煙が、限りなく立ち上って」いたのです。そして自分も、きょう明日にも、その火と硫黄に焼き殺されることになるかもしれません。残酷な死、厳しい運命、そして思わずたじろぐ心に対して、最後の励ましの声がかかります。「今から後、主に結ばれて死ぬ人は幸いである」（14・13）。

こういうところで感じていただきたいのは、黙示録には、その当時のいちばん生々しい苦しみと死の予告が書き並べてあるということです。普通なら、「信心深く拝めば、苦しみから逃れることができます」と言うのが宗教ではないでしょうか。ところが、そうは書かれておらず、どれほど苦しくても「神の掟を守り、イエスに対する信仰を守り続け……主に結ばれて死ぬ人は幸いである」（14・12－13）と言うのです。

「わたしは、あなたの苦難や貧しさを知っている。……あなたを非難している……彼らは……サタンの集いに属している者どもである。あなたは、受けようとしている苦難を決して恐れてはいけない。見よ、悪魔が試みるために、あなたがたの何人かを牢《ろう》に投げ込もうとしている。あなたがたは、十日の間苦しめられるであろう。死に至るまで忠実であれ。そうすれば、あなたに命の冠を授けよう」（2・9－10）。

これが神の救いであり、神の慰めです。すなわち、「あなたの苦しみと悲しみを、神は全部知っておられる。見放されたと思って、がっかりすることはない。あなたは苦しんで死ぬでしょう。しかし、それに耐えてください。あなたにいのちの冠をあげます」。これが黙示録の呼びかけなのです。

関連年表

西暦	ローマ皇帝	出　来　事	新約聖書
	ヴィテリウス （69）	ペトロとパウロの殉教 （64－67ごろ）	二テモテ、一ペトロ マルコ福音書（？）
	ヴェスパシアヌス （69－79）	ユダヤ戦争（66－70）	ヘブライ
70		エルサレム陥落（70）	
			ユダ、二ペトロ
	ティトゥス （79－81）		
80	ドミティアヌス （81－96）		
			マタイ福音書（？） ルカ福音書（？） 使徒言行録
90			
			黙示録
		キリスト教徒への迫害	ヨハネ福音書
	ネルヴァ （96－98）		一、二、三ヨハネ
100	トラヤヌス （98－117）		

西暦	ローマ皇帝	出来事	新約聖書
30	ティベリウス （14－37） カリグラ （37－41）	イエスの死と復活 聖霊降臨 ステファノの殉教 （33ごろ） パウロの回心 （33－36ごろ）	
40	クラウディウス （41－54）	パウロ第1次宣教旅行 （46－48） エルサレムの使徒会議 （49ごろ） パウロ第2次宣教旅行 （49－52）	
50	ネロ（54－68）	パウロ第3次宣教旅行 （53－58） ・エフェソ滞在 ・コリント滞在 （57－58） パウロ、カイサリアで 監禁（58－60） パウロ、ローマに移送 （60）	一テサロニケ 二テサロニケ フィリピ フィレモン（？） 一コリント 二コリント ガラテヤ、ローマ
60	ガルバ（68） オト（69）	パウロ、ローマで軟禁 （61－63） ローマ大火、キリスト 教徒への迫害始まる （64）	コロサイ、エフェソ ヤコブ 一テモテ、テトス

初代教会と使徒たちの宣教
——使徒言行録、手紙、黙示録を読む——

●

2019年12月 5 日　初 版 発 行

編　者　オリエンス宗教研究所
発行者　オリエンス宗教研究所
代　表　C・コンニ
〒156-0043　東京都世田谷区松原2-28-5
☎ 03-3322-7601　Fax 03-3325-5322
https://www.oriens.or.jp/

印刷者　有限会社 東光印刷

ISBN978-4-87232-109-8　Printed in Japan

東京大司教出版認可済